Colección
EMPRENDIMIENTO
Y CRECIMIENTO PERSONAL

Pan House
Casa Editorial

Editorial PanHouse.
www.editorialpanhouse.com

Edición general:
Jonathan Somoza
Gerencia de operaciones:
Paola Morales
Gerencia editorial:
Miranda Cedillo
Coordinación editorial:
Hillary Guzmán
Edición de contenido:
Emily Cartaya
Corrección ortotipográfica:
Yessica La Cruz
Diseño, portada y diagramación:
Audra Ramones

ISBN: 978-980-437-302-2
Depósito Legal: DC2024000014

LA NIÑA NO SUPO LO QUE PASÓ

Franchesca M. Soto

ÍNDICE

CAPÍTULO VI

Este libro se lo dedico a mi hermana L, una sobreviviente de abuso a quien amo con todo mi corazón. Igualmente, les dedico este libro a todos y todas las sobrevivientes de abuso sexual, sobre todo a esas niñas y niños a quienes les arrebataron su inocencia y hasta sus vidas, por la cobardía de sus agresores. Por ustedes que no están para expresarse ni defenderse, y que por miedo han callado, les abrazo y les dedico mi voz plasmada en tinta a través de este libro.

También, se lo dedico a mi amada hija, Amanda, para que siempre abrace la verdad, el amor, el respeto, la empatía y la justicia social con amor, humanismo y valentía sin que le tiemble el pulso y la voz.

AGRADECIMIENTO

Tomé mucho valor para hacer este libro. Fue especialmente importante contar con el permiso y respaldo de mis tías, mi madre y mi hermana sobreviviente, quienes estuvieron de acuerdo con que compartiera dichos sucesos públicamente para poder concientizar y salvar vidas respecto al tema del abuso sexual y del maltrato en todas sus dimensiones. Les agradezco por permitirme mostrar un pasado que toma años de sanación.

Este libro representa un cierre para todas las mujeres de mi familia en pro de seguir creciendo y abrazando nuestro presente como lo estamos haciendo. Gracias a mis tías E, E, G, a mi hermana L y a mi mami.

SOBRE LA AUTORA

Franchesca M. Soto es una apasionada psicóloga y socióloga puertorriqueña que ha marcado su presencia en el campo de la salud mental y en el desarrollo personal con un enfoque humanista y empático. Su dedicación al bienestar emocional y a la educación sobre temas como la autoestima y la inteligencia emocional la han convertido en una figura influyente, tanto en medios de comunicación como en redes sociales.

Como conductora del programa *Pulso Emocional* y *Sociedad 580* por WKAQ, la estación de radio AM número 1 de Puerto Rico, ella ha aprovechado la oportunidad para difundir conocimientos y sensibilizar sobre temas de salud mental y social, tanto en este como en otros espacios. Estos programas fueron plataformas claves para llegar a una audiencia amplia, proporcionando información valiosa y fomentando la conversación sobre temas importantes para la sociedad tales como salud y bienestar.

Franchesca también ha sido portavoz en campañas de gran importancia, enfocadas en fomentar la autoestima, prevenir la violencia de género y doméstica, y concientizar sobre la prevención del abuso sexual. Su participación en estas iniciativas subraya su compromiso con la creación de un impacto positivo en la sociedad, abordando temas delicados de manera sensible y educativa.

En su práctica profesional en Puerto Rico, la autora se dedica a la terapia individual y grupal, brindando un espacio seguro y constructivo para la exploración y el crecimiento personal. Esta labor refleja su profundo compromiso con el cuidado y la mejora de la salud mental en su comunidad.

Su pasión por el arte se manifiesta en su carrera como actriz, en esta área ha participado en varios proyectos de cine y teatro. Esta faceta artística subraya su creencia en la creatividad y la expresión emocional como herramientas esenciales para el bienestar personal y la reflexión social.

Franchesca M. Soto es sinónimo de dedicación, empatía, valentía e innovación. Su contribución al campo de la psicología y la sociología va más allá del ámbito académico, tocando la vida de quienes buscan bienestar emocional y una mayor comprensión de su salud mental. Este libro es un reflejo de su incansable esfuerzo por fomentar una sociedad más consciente y emocionalmente resiliente.

PRÓLOGO

El abuso sexual, a cualquier edad, pero en especial en la niñez, suele ser devastador. Este tipo de violencia tiene el potencial de trastocar todo un andamiaje socioemocional en el menor de edad. Aquí se incluyen aspectos fundamentales en su desarrollo, como la autoimagen, la regulación emocional, las relaciones interpersonales, los estilos de apego y los esquemas mentales sobre el mundo, el futuro y la propia existencia de la persona. Se crea un escenario en donde se distorsionan y desfiguran procesos medulares que son los que permiten y facilitan una interacción eficaz con el mundo exterior y con uno mismo.

Las consecuencias, en términos de sintomatologías psiquiátricas, son muy variadas y conocidas: depresión mayor, disociación, ansiedad, somatizaciones, abuso de substancias, automutilaciones y en ocasiones intentos suicidas. Diversos estudios internacionales establecen el abuso sexual como un factor de riesgo en términos de salud mental.

En el presente libro, Franchesca M. Soto nos narra, con detalles vívidos, su experiencia y trayectoria como víctima de abuso sexual intrafamiliar. Hago énfasis en lo intrafamiliar, pues sabemos que cuando el abuso sexual es cometido por un familiar las consecuencias y repercusiones se agravan. ¿Por qué? Hay varias razones. Una de ellas es que si el abuso ocurre dentro de la estructura familiar tiene más probabilidades de repetirse incluso por años. Otra razón es que el abuso sexual intrafamiliar pone de relieve el hecho de que muchas veces el sistema familiar opta por el silencio o por ignorar o cuestionar a la víctima. En otras palabras, se conjuga el trauma de la traición. La familia que supuestamente viene a validarte, a rescatarte, a apoyarte y a buscar justicia, en vez de eso, vira la cara y no responde al grito de auxilio de la víctima. Otra razón de su toxicidad es que la víctima, al seguir conviviendo con los abusadores, comienza a utilizar mecanismos psicológicos desadaptativos para no hundirse emocionalmente. Aquí incluimos dudar o negar lo que está pasando y el silencio o, incluso, la disociación patológica. Aquí yacen las células germinales de trastornos de personalidad y otras desviaciones del carácter.

Este libro expone en detalle las vivencias de la autora con un sistema intrafamiliar que optó por el silencio. En su escrito se palpa la desesperación, el coraje, la tristeza y la desesperanza ante una situación que toda niña cree impensable. Este contenido del libro, que cubre como una tercera parte, le ofrece al lector el panorama que típicamente padecen muchas víctimas de abuso sexual. La autora explica el impacto que tuvo en ella la experiencia y el silencio posterior. Leemos sobre una niña despavorida con culpas por doquier y sumergida en la angustia.

Esta parte del libro es importante si queremos conocer de primera mano el efecto que tiene en una niña el abuso sexual. Digo esto pues puede haber personas, desconociendo la temática, capaces de llegar a simplificar su impacto. Quizá piensan que esto se supera rápido, que las consecuencias son superficiales o que una o dos citas con un psicólogo son suficientes para restaurar su salud mental, pero nada más lejos de la verdad. En mi práctica clínica, por unos 35 años he atendido a innumerables personas que han sido víctimas de abuso sexual. He palpado de cerca toda la miseria, el dolor y la rabia que genera esta experiencia. Es lo más cercano a decir que otro ser humano trató de hundir, destrozar y de triturar a otro ser humano sin misericordia alguna. Esto se multiplica cuando el abusador precisamente proviene del ambiente familiar. Ese ambiente que pretende ser la fuente del sostén y del amor incondicional.

Pero el presente libro no solo aporta a la descripción del abuso, sino que muy hábilmente lo compagina con las vivencias y experiencias de la autora para levantarse, sanarse y trascenderlo. Esta parte del libro resulta muy valiosa y meritoria. Muchas veces, en periódicos y revistas, leemos de lo terrible del abuso. Pero ¿y qué sucedió con esa persona luego? ¿Cómo lo manejó? ¿Qué impacto tuvo a largo plazo? Precisamente, el libro de Franchesca M. Soto agraciadamente abunda considerablemente en las estrategias y pasos que tomó ella para sanarse. Algunos de los expuestos por ella son: hablar francamente de lo sucedido, buscar ayuda psicológica, utilizar el concepto del perdón y realizar una nueva narrativa o historia de su esencia como mujer y ser humano.

Esta parte del libro, en donde la autora nos explica cómo ella se alejó del camino de la patología y del dolor, me resultó importante e impactante. Pocas veces he leído, de una manera tan lúcida, el proceso de evolución de cambio de una persona que ha pasado por este tipo de abuso. Franchesca realiza una exposición magistral de sus altibajos y aclara que el cambio no es lineal. En vez de eso, es circular ascendente y logra metas paulatinas de sanación. De hecho, esta sección del libro rompe con el determinismo ingenuo que afirma que el pasado es destino. La autora demuestra de manera convincente que el pasado inclina e influye, pero también que tenemos las capacidades y destrezas internas para desatarnos de los mensajes deformes del pasado y poder vivir el aquí y ahora con una versión más justa y balanceada de quiénes somos. Si algo yo, como psicoterapeuta, he aprendido es que nunca el pasado es destino.

Finalizo felicitando a la autora por su valentía al presentar el contenido de este libro. No pocas veces las víctimas de abuso sexual temen hablar del asunto por miedo a ser juzgadas o desvaloradas. Por lo tanto, a veces hasta sus amistades más cercanas desconocen del suplicio que pasaron. Sin embargo, en este libro Franchesca M. Soto tuvo el valor y la entereza de compartir su camino de sanación con personas conocidas y desconocidas por ella. Su mensaje es claro: hay alternativas para sanarse y tener una vida plena. Por mi parte, admiro su escrito, valoro enormemente su firmeza y espero que el mismo sea de aliciente e inspiración para quien lo lea.

Alfonso Martínez-Taboas, Ph.D.
Pasado Presidente de
la Asociación de Psicología de Puerto Rico

INTRODUCCIÓN

Donde ya existe el abuso

Con lágrimas en los ojos y un nudo en la garganta, déjame contarte la historia de una pequeña niña, de mirada curiosa y vivo ingenio, que escondía tras su sonrisa infantil heridas del alma demasiado profundas para su corta edad.

Nació en una familia muy conservadora, sosa y recta, quizás demasiado para darse cuenta del ambiente nocivo que existía entre las paredes de su hogar. Tenía una hermana menor a quien amaba profundamente y de quien se sentía responsable, por eso fueron muchas las veces que se sintió culpable por no poder protegerla.

Sus ojos inocentes escondían un dolor que ningún infante debería cargar. Con apenas cinco años, sufrió la amarga experiencia del abuso sexual a manos de alguien cercano. Un episodio breve, pero suficiente para quebrar su espíritu y hacerla sentir indefensa, confundida y marcada por la vergüenza.

Ese fue solo el inicio de una tormentosa niñez, donde el maltrato emocional fue el pan de cada día. Creció rodeada de frialdad y falta de afecto, hechos que minaron su autoestima y seguridad personal. Aunque era una niña

23

hermosa, creativa e inteligente, el ambiente hostil la fue apagando por dentro, gestando temores e inseguridades.

Entre lágrimas ahogadas y pesadillas recurrentes, su frágil corazón se preguntaba: «*¿Cómo podré sobrevivir en este ambiente tan hostil?*». Anhelaba el cuidado y la protección que todo infante merece, pero solo encontró indiferencia. Luchó por entender que ella no tenía la culpa, que simplemente había estado expuesta a una situación enfermiza que ya existía antes de su llegada. Pero su espíritu resiliente le permitió trascender ese pasado turbio y alzar la voz. No sería una víctima silenciada, sino una sobreviviente empoderada, dispuesta a crear conciencia para que otras niñas y niños se salven del abuso. Su dolorosa experiencia se convertiría en fuerza para proteger a los más vulnerables.

UN ENTORNO MUY ABUSIVO

Sus ojos inocentes presenciaron las sombras que se ocultaban tras las paredes del hogar. Creció en una familia religiosa en los años noventa, con estructuras rígidas y arraigadas tradiciones que poco ayudaban a visibilizar el abuso. En esa época, el machismo imperante llevaba a consentir comportamientos reprochables en los varones, mientras se castigaba con dureza cualquier acción fuera de norma de las niñas. La pequeña lo vivió en carne propia. Con apenas cinco años, sufrió el ultraje del abuso sexual por parte de un familiar cercano. Un joven lleno de perturbadoras señales que los adultos prefirieron ignorar antes que perturbar la falsa tranquilidad del hogar.

Tras la agresión sexual, ella se sintió culpable, creyendo haber provocado algo imperdonable que merecía un duro castigo. Así era como sus padres solían «corregirla», con gritos, zarandeos y golpes que pretendían enderezar lo torcido. Mientras los varones gozaban de absoluta libertad e impunidad, el menor desliz de las niñas era respondido con el peso de mano dura. La hipocresía y el silencio eran la norma. Proteger las apariencias lo primordial.

Esta desigualdad lacerante marcó profundamente a la sensible pequeña, quien creció creyendo merecer el maltrato por ser una niña imperfecta. Ante la indiferencia familiar, la pequeña solo halló refugio junto a su abuela materna, a quien recurría para mitigar la ausencia de cuidados. Pero ni siquiera ese débil vínculo pudo salvarla de la dura realidad que le esperaba.

Su madre, tosca y distante; su padre ausente. El hogar que debía darle seguridad y contención se tornó en un campo minado de maltratos y desatenciones. El divorcio de sus progenitores cuando tenía once años de edad solo agravó el panorama.

La pequeña peregrinó de casa en casa buscando un hogar, pero solo halló frialdad. Con trece años, recorrió el sendero hasta su abuela, un frágil oasis de afecto en medio de la aridez. Su padre reclamó su custodia, mas no su corazón. Le tocó vivir una nueva realidad, la indiferencia de quien era la esposa de su padre que la trataba como un estorbo forzado entre risas aparentes ante la sociedad y el qué dirán colectivo, pero en las paredes del hogar era otra la historia. Le tocó vivir una adolescencia como si fuera un fantasma invisible, sin que nadie indagara sobre su mundo interior. Lavaba su ropa y cocinaba para sí misma, mientras escuchaba a otras chicas quejarse del exceso de preocupación de sus padres y lo rico que les cocinaban. Allí comprendió que no existen cuidados, compromiso de crianza y amor, que vivía en un ambiente familiar tóxico.

Con el embarazo de la esposa de su padre, todo fue más oscuro para ella, como si fuera un estorbo que no es parte del hogar, sino alguien a quien se le acobijó en un cuarto sin ser parte de la familia. No le quedó más opción que irse a un cuarto en la casa de sus tías, que, a pesar de su forma extraña de querer, al menos le daban comida y poco a poco les fue despertando un toque maternal donde al menos sintió algo de paz y luz familiar; sintiéndose parte de un hogar finalmente.

EL PROBLEMA DE LA FALTA DE EDUCACIÓN

La pequeña creció rodeada de adultos cómplices que preferían desviar la mirada ante verdades incómodas, esa era su responsabilidad. Fingían demencia ante el evidente sufrimiento infantil. Al igual que otros tantos niños de su época, nadie resolvió sus dudas sobre temas cruciales. No sabía lo que era el abuso sexual, ni que vivía en un entorno dañino. Estas eran incógnitas y temas tabú que existían en ese ambiente y que, de haberlas podido responder, habrían salvado su inocencia.

Hoy ya no hay excusas para la ignorancia y la indiferencia. El abuso sexual infantil debe ser nombrado sin ambigüedades por su devastador impacto presente y futuro. Esta niña merecía que alguien viese, oyese y comprendiese su dolor. Merecía que aquellos quienes voltearon la mirada la protegieran, que fuesen escuchadas las voces de alerta, y que nunca hubiese tenido que responsabilizarse por algo que no fue su culpa.

¡Que la sociedad despierte antes de que más voces se apaguen! Ya no hay espacio para el silencio cómplice ni desviar la mirada. Exponer el abuso sin ambigüedades es un deber ineludible para proteger la inocencia de pequeños como esta niña. Así que debemos ser quienes se dediquen a ver, oír y hablar, aún si la voz tiembla, porque tenemos una responsabilidad con estos niños pequeños que siguen atrapados en entornos hostiles, como lo estuvo esta niña.

Sus heridas claman para que este relato marque un antes y un después. Para elevar la empatía y romper cadenas transmitidas de generación en generación.

Que estas páginas sean un punto de inflexión, una invitación a la reflexión y a la acción. Cada lector tiene en sus manos el poder de convertirse en defensor de la inocencia vulnerada o de perseverar en la indiferencia. La elección determinará el futuro.

Este mensaje pretende sembrar esperanza en cada espíritu lastimado por el abuso, para que encuentre fuerzas y reescriba su historia. Es también un llamado a desplegar nuevas redes de contención, afinar la empatía y alzar la voz por los desprotegidos. Juntos podemos revertir el silencio, sanar heridas profundas y forjar entornos donde todos los niños se sientan amados, cuidados y valorados. El momento de actuar es ahora.

CAPÍTULO I

Crónicas de un abuso anunciado

Transcurría un día lluvioso mientras esa niña de cinco años miraba fijamente la bicicleta aparcada en el garaje de la casa. Conocía esa casa como la palma de su mano, era la casa que, luego del fallecimiento de su abuela, sus padres la construyeron con mucho entusiasmo con miras a una nueva vida. Vivían en una comunidad aislada, esta era la primera residencia de su abuela fallecida, estaba ubicada en una localidad en la que había mucha pobreza y poco acceso, ya que era una sierra muy lejana del pueblo y de otros sectores.

En esta nueva casa, construida en el mismo terreno que la vivienda de su tía, la niña disfrutaba de los alrededores, pues era un gran terreno en el que vivía jugando, corriendo y creciendo junto a su hermanita menor. Andaban juntas constantemente, iban a la casa de su tía donde cerca de la escalera trasera les habían construido una casita de muñecas de madera y tenían un columpio frente a la entrada de la escalera. En general, se divertían mucho con primos y otros miembros de la comunidad, ya que todos los de los alrededores eran familiares. Así se sentían cómodas de estar corriendo de un lado para otro, ya que sus padres se sentían en confianza al saber que era una comunidad familiar donde todos se conocían, pues eran parientes.

Paralelo a esta historia, un tío de esta niña se divorció de su esposa y quedó en situación de desventaja económica. Por lo que decidió acudir a su hermana, una de las tías de la niña, pidiéndole mudarse a los bajos de la casa que estaban conformados por un cuarto y un baño que el tío a menudo compartía con sus tres hijos adolescentes. Entonces, ni la niña ni su hermanita tenían privacidad, pues sus primos permanecían en los bajos o en la casa de la tía. Ya los espacios eran invadidos por bicicletas de los primos donde prácticamente se apoderaron hasta de las zonas en las que ellas jugaban tranquilamente. Igualmente, ese tío era mecánico y los lugares en los que ellas tenían su columpio, él puso una carpa para reparar otros carros, lo cual no solo eliminó las posibilidades de las niñas de disfrutar de su habitual espacio de juegos, sino que también eliminó por completo la visibilidad de la propiedad a otras residencias.

Entonces, el tío irrumpió en ese hogar y ya jugar no era como antes, ya la tranquilidad que había no estaba. Apenas hacía un año que podían disfrutar de la casa de muñecas y construir allí un universo feliz para jugar y vivir. Pero todas esas sensaciones de tranquilidad y seguridad desaparecieron cuando ellos se mudaron a vivir en los bajos.

Por otra parte, las tías de creencias fundamentalistas y con un rol maternal en cuanto a sus hermanos varones, siempre era un sí para sus hermanos, estaban a su disposición, no podían decirles que no a los hombres y siempre favorecían a los varones. En pocas palabras, mantuvieron siempre un ambiente muy machista. La tía comenzó a permitir que trabajara como mecánico en los bajos sin pensar que había un área de juego para las niñas. Ya la casita de muñecas olía a grasa de autos, gasolina y aceite de motor, y peor aún, había muy poca visibilidad para que otros vecinos familiares lograran apreciar esos alrededores.

Y es aquí donde debemos conocer al primo roba pantis. Era uno de los hijos de su tío de los bajos y a eso de sus cuatro años de edad robaba pantis de los cordeles y las usaba. Sus tías lo sabían, pero era su primer sobrino con el apellido de su familia y ningún escándalo debía recaer sobre él. En ese entonces los varones eran vistos como los que «les daban vida a los apellidos». Ignorar esta historia fue el comienzo de lo que ahora intento contarte sobre la niña, que seguía mirando con recelo la bicicleta de su primo que estaba parada en el jardín mientras el cielo se oscurecía sobre ella. Es cierto que podía disgustarle que el tío de los bajos y los primos irrumpieran en su espacio de diversión, pero eso no era lo único por lo que rechazaba en cierta manera la visión de esa bicicleta parada cerca de ella.

La razón era que el roba pantis, que por un tiempo vivía en los bajos de la casa de su tía, la había invitado a andar en esa misma bicicleta. Inocentemente, ella estaba emocionada por el viaje, tanto que se sentó en las piernas del roba pantis, sin malicia alguna. Por supuesto que la niña no conocía las mañas del primo y nadie diría jamás que eran conductas negativas, ya que para sus familiares esto no era mal visto. Al contrario, sus costumbres eran un tema digno de celebración, símbolo de masculinidad.

Entonces, en lo que se suponía fuera un paseo divertido en bicicleta con su primo, su inocencia comenzó a ser trastocada cuando él deslizó su mano por el muslo de la niña de cinco años. Levantando su vestido, pasó sus manos hasta tocar sus genitales. El susto en el corazón de la niña fue demasiado grande, esto no podía estar sucediendo, era incómodo y ya no quería que él lo hiciera. Así que la niña decidió inclinar su cuerpo haciendo que ambos se cayeran de la bicicleta.

«Tal vez fue un error», podrían pensar. Quizás la niña lo malinterpretó, a lo mejor fue un movimiento desafortunado o una equivocación. Incluso, puede ser que la niña pensara lo mismo, así que, en otra ocasión, el joven la invitó de nuevo a andar en la bicicleta. Ella se sentó una vez más para ver la repetición de la misma escena y sentir la misma incomodidad cuando el roba pantis deslizó su mano para tocar sus partes íntimas.

Entonces esto era definitivo: ya no quería aprender a manejar bicicleta, no quería montarse en una nunca más ni vivir ninguna experiencia relacionada con este tipo de vehículos. Y esto no era la excepción. Con la lluvia amenazando con caer, seguía manteniendo cierta distancia de la bicicleta mientras pensaba en qué podía jugar ahora que parecía que iba a llover.

—Vamos, vamos a jugar en el columpio —le dijo su hermana pequeña, interrumpiendo sus breves pensamientos. Sintió varias gotas de agua caerle sobre el rostro y espabiló un poco—. Va a llover más fuerte.

Su hermanita la tomó de la mano y la haló hasta situarse debajo de la escalera, mientras comenzaba a caer una intensa lluvia que les impedía reanudar su juego. Esta escalera estaba situada justo al lado de los bajos, donde su primo, el de la bicicleta, el roba pantis, llegó a sorprenderlas.

Esperaron un par de minutos antes de que el primo saliera de los bajos y les dijera que tenía un juego interesante, muy divertido, mejor que ir a jugar en el columpio y su casita de muñecas.

—¿Quieren jugar? —les preguntó. Ambas niñas voltearon y asintieron de forma enérgica. Eran niñas, disfrutaban de jugar, aún más toda actividad que fuera al aire libre, y más cuando alrededor había un cercado con vacas y toros. Todo lo que fuera en los alrededores les entusiasmaba, pues no les gustaba estar encerradas en sus casas—. ¿Quieren jugar algo diferente y muy divertido?

—¡Sí! —respondieron al unísono. Y es que a los cuatro y cinco años, los minutos parecían eternos y los juegos hacían que estos corrieran más rápido. No había peligro en ello, ¡era solo un juego!

—Bien, entonces vamos a jugar el juego del gongolón[1] —dijo el primo roba pantis con halo de emoción en su voz.

—¿Cómo se juega? —preguntó la niña, por supuesto que quería aprender a jugar.

—Ya les voy a enseñar, lo que tienen que hacer es sentarse en mis piernas —dijo mientras se sentaba en un cemento que aguantaba una pluma de agua en los bajos de la escalera—. El juego del gongolón es a través de los dedos, les voy a enseñar.

El joven señaló a la niña y la haló hacia él, para que se sentara en sus piernas. Fue entonces cuando le dijo que tenía que bajarle los pantis. Comenzó a tocarle sus piernas y sus genitales, mientras se tocaba a sí mismo. Por supuesto que esto no le gustó para nada a la niña, que inmediatamente se puso rígida y se levantó huyendo de esa situación. Había algo muy malo en todo eso, aunque ella no supiese de qué

---

1 Gongolón: especie de gusano de tierra con dos pares de patas en casi todos los segmentos de su cuerpo y hace movimientos ondulados. Se le conoce en Puerto Rico como gongolín, gungulén o gongolo arbóreo.

se trataba. Su tía siempre le había dicho que las niñas «*se tienen que sentar derechas y no dejarse tocar por nadie*», ya que sus padres no educaban al respecto. Su mamá no había terminado sus estudios en la escuela y era muy limitada a educar sobre el cuerpo y autocuidado, apenas alcanzó a terminar su décimo grado.

—No quiero jugar —expresó la niña primero. El primo siguió en el juego y no la advirtió—. Ya no quiero jugar, suéltame, no me gusta, déjame.

—No te voy a soltar es solo un juego —le dijo mientras se seguía tocando. La niña quería irse a un lugar más seguro que ese y alejarse lo más que pudiera de esa situación.

—Suéltame o gritaré —usó como último recurso, cuando el primo roba pantis finalmente la soltó dejando que se levantara, para entonces sentar a su hermanita de cuatro años.

Tan pronto como se levantó de sus piernas y vio que la lluvia ya no era tan fuerte, se sentó en las escaleras, dejando a su hermanita jugando al gongolón con el primo roba pantis. Le daba vueltas una y otra vez a la idea del castigo enorme que se le vendría encima por dejarse tocar por alguien. ¡Oh, tantas veces que se lo habían repetido! Y se había ido a dejar tocar, seguramente le darían una paliza o la castigarían durante muchos días.

«Yo no me dejé tocar. No me dejé tocar. Él no me tocó», se repetía la niña una y otra vez en su mente. Sus piernas le temblaban en un intento vano por tranquilizarse y olvidar lo que había sucedido. *«Yo le dije que no, que no quería jugar»*, continuaba repitiendo como si su vida dependiese de ello, como si eso fuese a borrar la sensación horrible que tenía en todo su cuerpo.

No podía siquiera voltear a mirar a ver a su hermanita «jugando», aunque se sentía peor al pensar que tendría un gran problema por todo lo que había sucedido. Todo esto se hizo realidad para ella, cuando escuchó un grito de su tía, quien las miró desde el balcón trasero.

—¡Miren a esta nena! ¡Tiene los pantis abajo! —y otra tía salió gritándoles, y al ver a su hermana con los pantis abajo gritó nuevamente. Su primo, que seguía sentado en el cemento donde estaba la pluma, solo se echó a reír y le dijo—: ¡Mira estas nenas lo que están haciendo!

La tía bajó con una sombrilla color negra a buscarlas y a regañarlas, ignorando por completo a su sobrino el roba pantis.

—¡Yo no hice nada! —exclamó la niña al ver a sus dos tías. Yo no me dejé tocar —aseguró la niña, pero nadie pareció escucharla.

Sin importar si llovía o si el primo también estaba en ese lugar haciendo algo que no debía hacer, ambas tías fueron inmediatamente a donde estaba la hermanita de la niña, quien seguía con los pantis abajo y había mojado el piso. La niña no alcanzó a entender si se trataba de un regaño porque la niña se había bajado los pantis para hacer pipí o si estaba sucediendo algo más que ella no podía entender. Como fuera, el primo desapareció del plano, nadie le preguntó nada, simplemente tomaron a las dos niñas y las llevaron a la casa con una sombrilla para que enfrentaran el regaño de su madre.

—Esta niña estaba con los pantis abajo orinando en las escaleras —le dijeron, al presentar a la hermanita y a la niña muy asustadas de lo que podía suceder.

—¿Qué?

—Estábamos... —intentó explicar la hermanita, pero la mamá no la dejó terminar de hablar.

—¿Qué hacías con los pantis abajo? —la mamá comenzó el regaño ignorando por completo cualquier otra cosa— ¿Tú también? —le preguntó a la niña, quien se negó enérgicamente.

—Yo no, solo ella —le dijo la niña huyendo inmediatamente de los golpes físicos. A la única que habían visto con los pantis abajo era a su hermanita. Y vaya castigo que le dieron por tener los pantis abajo fuera de la casa. Sin embargo, nadie nunca le dijo nada a él, ya que las tías tenían como tabú la información que conocían acerca del primo robaba pantis. Nadie nunca estableció que había un error en ese comportamiento y por eso la niña no podía entender la relación entre ese hecho tan negativo para ella y la ignorancia que se suscitó entre sus familiares. Todas estas fueron cosas que la llevaron a alejarse del perpetrador, pero no a entender qué era lo que realmente había sucedido.

No te cuento esta historia por morbo o por darte detalles sórdidos de una historia horrible. Te la cuento en vista de que es mucho más común de lo que parece y porque esta niña, a tan corta edad, recibió el mensaje de que no estaba segura en su propia casa. En una sociedad machista, los familiares de la niña no creían en las conversaciones ni en las reflexiones, sino que un castigo físico, un toque, una nalgada o algo similar era suficiente para hacerse entender con respecto a esa situación. Y fue así como reprimieron la expresión de esas dos niñas, a quienes les había sucedido algo terrible que no pudieron enfocar adecuadamente debido a que simplemente no miraron al lugar correcto y no quisieron hacer un alboroto.

La culpa en la niña comenzó a florecer, pues ella se sintió responsable de ella y de lo sucedido con su hermana.

¿DE DÓNDE SALIÓ EL ABUSADOR?

Para entrar en contexto, el primo, a quien ahora conocemos como el roba pantis o abusador, era un joven de entre once y doce años de edad. Tenía otros dos hermanos que también pasaban algún tiempo con su papá, aunque era él quien decidía quedarse más tiempo en esa casa, cerca de las niñas.

Para que entiendas el porqué de lo de «roba pantis», él era un joven que en su niñez robaba los pantis de los cordeles y se los ponía, información que conocían sus tías y los padres del joven. Sin embargo, para ellos, puede que solo se tratara de una faceta o de un momento de descubrimiento sexual propio de la adolescencia, o eso pensaron sus padres, por lo que decidieron no darle demasiada atención al fenómeno particular que se estaba presentando en su propia casa. Por si eso fuese poco, el primo también solía espiar a sus propias tías por la ventana mientras estaban en el baño, al punto de que en algunas ocasiones fue capturado por su tía mientras la espiaba completamente desnuda y como ella se bañaba, observándole sus senos.

Ya me dirás que había demasiadas banderas rojas y que era evidente que algo como esto podía suceder. ¡Era obvio! El chico tenía una especie de fijación con el tema de la sexualidad femenina. No obstante, nadie hizo nada. El tío vivió en los bajos por más de dos años, su hijo, el primo roba pantis, se quedaba con él todo el tiempo y la hermanita estaba expuesta constantemente a él.

Es aquí donde podemos evaluar qué tan conscientes estamos de las alertas que se presentan en este tipo de situaciones y la forma en que las abordamos. Lamentablemente, en algunas ocasiones podemos ignorarlas y obtener resultados catastróficos, como en esta historia. Los comportamientos o fijaciones de índole sexual en la niñez y en la adolescencia son temas que deben estudiarse, dirigirse y orientarse para evitar desviaciones como la que el primo reflejó años después de ir al psicólogo por ponerse pantis robadas.

Además, la niña, que hoy es toda una adulta, investigó más sobre lo que se conocía del primo roba pantis y que los familiares decidieron ignorar. Ante la ignorancia, la crianza machista exorbitante y toda esa clase de detalles, la niña luego descubrió que a este joven sus padres lo «controlaban» dándole revistas con contenido pornográfico para que calmara su libido a través de la masturbación. Sin embargo, hoy día los estudios científicos demuestran que el uso excesivo de la pornografía puede perpetuar conductas abusivas y de control en las formas de relacionarse, en las que se puede llegar a distorsionar la imagen de las personas, convirtiéndolas mentalmente en objetos sexuales y eliminando en su mente toda clase de empatía humana por su sufrimiento o dolor. Entonces, este fue un muy mal calmante de parte de sus progenitores hacia un joven que en su niñez demostró conductas sexuales desviadas y que, por negación, las normalizaron. El primo roba pantis tiene el perfil de un hombre tranquilo, sociable y cortés hacia los demás; le gusta ser complacido, de no ser así, actúa con coraje.

Las niñas siempre se han preguntado si algún familiar sospechó o si alguien del vecindario, que era una comunidad de familiares, vio algo y se silenció. Estas dudas y pensamientos por parte de las niñas despertaron una cadena de emociones y resentimiento que no tuvieron más opción que abrazarse y curarse a sí mismas sin tener que ser rescatadas por otros.

NADIE HIZO NINGUNA PREGUNTA

Quizás este es uno de los errores más comunes que cometemos como sociedad: guardar silencio. Nadie hizo ninguna pregunta en torno al suceso. Decidieron únicamente enfocarse en las niñas, prohibirles bajar a jugar como antes. No bastó el abuso, también les limitaron sus áreas de juegos, pero su abusador no se detuvo con su hermanita, al ver que nadie hizo nada con él, se empoderó más y siguió utilizando tácticas de control, de abuso y poder hacia su prima hermana. Este primo roba pantis no tuvo límites, vergüenza ni miedo, no tuvo nada que lo detuviera mientras llevaba a cabo todo aquello que estaba en su cabeza, que claramente tenía un comportamiento sexual muy elevado y desviado.

En este caso, lo que pasó solo se guardó como un secreto a voces, el cual pasó a convertirse en un abuso reiterado, sumado a otros hechos de abuso psicológico como los que la niña vivía cuando su madre la regañaba estrictamente por no salir bien en la escuela o la falta de afecto de todos sus familiares, lo que la hacía sentir menos cuidada y protegida dentro de su propio ambiente familiar.

Como te mencioné anteriormente, la niña creció en un ambiente muy frío y soso, con un marco muy religioso, que hacía que su familia fuese poco afectiva al demostrar sus cariños y sus cuidados. Además, solo los hombres sabían manejar, las mujeres no debían salir demasiado y tenían una crianza machista en todos los aspectos. Las mujeres de la familia se preocupaban demasiado por el qué dirán y Dios no permitiese que sucediera algo en su familia que no estuviese descrito bajo el orden de su religión. Entonces sí, es posible que las tías estuviesen conscientes de lo que había sucedido con el primo, la niña y su hermanita, pero no supieron enfrentarlo y prefirieron meterlo bajo el tapete para que no se destapara en la familia un problema que afectara negativamente su estilo de vida, sus costumbres y sus creencias. Y, sobre todo, que no afectara su relación con sus hermanos y sobrinos.

Ahora bien, el tío de estas niñas se apoderó de todo el espacio de los bajos, removiendo el columpio de las niñas para crear un taller de mecánica. No le bastó que le dieran la oportunidad de un techo, manipulaba a sus hermanas. Los hombres de la familia solían apoderarse de los espacios de las mujeres, tratándolas como servidoras, sin tomar en cuenta sus opiniones o palabras.

Cuando las niñas querían hacer preguntas, les solían contestar en forma de burla diciendo expresiones como: «Las niñas no hablan hasta que la gallina mea». Estas niñas no tenían voz, cualquier petición que hicieran hasta su tío las podía castigar. Una tarde, su tío decidió golpearla a una de ellas hasta dejarla temblando, la madre de la niña se molestó muchísimo con esta acción del tío porque algo tenía claro su mamá: la única persona que podía castigarla era ella, no un tercero de la familia. Pero nadie de entre los otros familiares, ante este castigo, tampoco hizo nada. Las niñas veían cómo a los niños se les permitían ciertas conductas y comportamientos sin ser reprendidos. Esto incrementaba más la angustia en la niña y la sensación de culpa por cada acto.

Incluso si miramos el contexto general en el que la niña vivía, podríamos encontrarnos con muchas situaciones similares. Ya que, muchas mujeres y niñas sufrieron abusos en ese pueblo. Se conocían incluso casos de chicas adolescentes embarazadas de sus propios padres, mujeres que fueron drogadas por otros familiares para violarlas y que presentaron problemas psicológicos posteriormente.

Entonces, no era una novedad que algo como esto sucediera. Los adultos de esa comunidad conocían de cerca suficientes hechos para estar alertas. No obstante, las tías pensaban que las niñas eran «*demasiado frescas*» y por su mente también cruzó la idea de que, si en esas escaleras había pasado algo que no debía pasar, era seguramente culpa de las niñas. Sin duda alguna, era un ambiente muy difícil en el que no se acostumbraba al diálogo, a expresar los sentimientos ni a preguntar cómo estabas, qué pensabas o simplemente si las cosas estaban marchando bien.

¿POR QUÉ NADIE ME LO DIJO?

Lo primero que tienden a pensar los padres cuando se enteran de que sus hijos han sufrido alguna clase de abuso sexual es que ellos no tenían forma de saberlo y se preguntan por qué nadie se los dijo. Sin embargo, en el caso de la niña y su hermana, parecía ser evidente que algo andaba mal. Para empezar, la niña comenzó a sufrir ataques de epilepsia, que no parecían tener una causa neurológica o fisiológica. Además, sus notas durante toda la escuela elemental fueron muy bajas, su rendimiento era apenas suficiente para pasar al siguiente nivel y sus notas no ascendían de la C y la D.

La hermanita de la niña, por su parte, tenía comportamientos agresivos, rebeldes, se metía en peleas y quería siempre morder y pellizcar a otros niños. Después de un par de años, la llevaron al psicólogo y fue diagnosticada con trastorno de déficit de atención e hiperactividad, además de sufrir problemas de autoestima y algunos otros detalles psicológicos que ciertamente eran una señal de alarma que podía indicar un problema mayor.

Tampoco me refiero a que todos los niños que tengan diagnóstico están siendo víctimas de abuso, simplemente que siempre merece la pena indagar tras estos problemas para poder asegurarnos de que todo está en orden. A pesar de la educación que podemos darles a nuestros niños en la actualidad para que reconozcan el abuso sexual, es posible que, aun así, ellos decidan no contarnos lo que pasa. Como sea, siempre van a haber algunas señales en su comportamiento, hábitos y mentalidad que nos indique que algo está sucediendo.

MÁS DE TRES AÑOS DE ABUSO REITERADO

Es cierto, te he dicho que la niña solamente sufrió tres episodios de abuso y no te mentí ni por un instante. Pero no hablamos todavía de su hermanita. La pequeña de cuatro años que «jugó al gongolón» justo después de la niña, pasó los siguientes tres años enfrentándose a otras clases de «juegos» similares que, hoy por hoy, ya sabe que fueron abuso sexual.

Hasta sus siete años, el primo roba pantis le pedía tocarlo, hacerle sexo oral, la tocaba, le pedía desnudarse, hubo penetración y cualquier otra clase de actividades que la curiosidad del primo inventaba para saciar su curiosidad. La hermanita no sabía que estaba siendo abusada y a lo largo de su vida nunca relacionó aquello con un acto de abuso, sino que bloqueó de cierta forma todas aquellas vivencias desagradables hasta que, durante su adultez, conoció otro caso de abuso sexual y se decidió a hablar de ello con su hermana mayor.

Tres años de abuso ininterrumpido, ¿se imaginan el temor? Durante todo ese tiempo nadie llamó las cosas por su nombre: el primo era el agresor y la hermanita fue su víctima demasiado tiempo. Nadie lo vio, nadie lo escuchó, nadie lo advirtió ni lo detuvo. El abuso se normalizó en su vida y así mismo ella pensó que todo era normal y que era un juego.

LLEVANDO LA CULPA A RASTRAS

La verdad es que la niña siguió el curso de su vida y cargó con una gigantesca culpa por permitir que la abusaran, sin saber bien lo que era abuso sexual. Cuando identificó el abuso sexual, se sintió terrible por abandonar a su hermanita en esas circunstancias; y cuando se enteró del abuso reiterado, se sintió aún peor. A pesar de ello, decidió estudiar sobre esto, identificar las señales, ayudar a su hermanita y convertirse en una voz activa para evitar que más niñas y niños se conviertan en una víctima más.

Después de más de veinte años cargando con la culpa, finalmente comprendió que no fue ella quien propició lo que le había sucedido, no era «demasiado fresca», tampoco era su rol proteger a su hermanita menor. Ya sabía que la culpa siempre fue de su primo el roba pantis y de la libertad que le dieron los padres de este niño. Ella se centró en mejorar cada uno de los aspectos que pudo; se enfocó en sanar su corazón, su cuerpo y su alma de todo lo que le había sucedido y así poder convertirse en un canal de sanación para otras y otros.

Liberarse de la culpa no fue una tarea sencilla, pero la llevó a recordar todas las cosas buenas y bonitas que había tenido en su infancia con su hermana y algunos primos y primas. La ayudó a centrarse en su presente y a agradecer por todas las personas buenas que conoció en el camino y que la ayudaron a querer trascender para convertirse en algo más que una víctima de abuso. Ella ya sabía que su historia de vida no era lo que la definía, ella ya estaba comenzando a hacerse consciente de su valor como mujer y ser humano.

A ti, lector, que te has sumergido en el proceso de sanación de esta niña, hoy convertida en mujer y en un alma transformada, te invito a ser portavoz de la prevención contra el abuso sexual y el maltrato. Conecta con la historia, aprende de ella, sé una luz que ilumine a otros. Y si eres un sanador, encuentra en estas páginas semillas de esperanza y herramientas holísticas, sin reemplazar el tratamiento individual requerido para cada sobreviviente.

A ti, niña o niño valiente, te digo: abrázate sin miedo, ámate, perdónate y suelta la culpa que no te pertenece. No eres culpable, eres dueña o dueño de tu presente y futuro. Lograrás cada meta hasta llegar a tu propósito de vida.

Ahora nos sumergiremos en los pasos que dio esta niña para convertirse en la mujer en constante evolución que es hoy. Su historia no termina aquí.

CAPÍTULO II

Rompiendo el silencio

A pesar de que ya te he contado una de las partes más duras, tristes y desagradables de la historia de la niña, el episodio de abuso no fue más que el comienzo de un peregrinaje muy largo, con caminos llenos de obstáculos, desafíos, luchas dolorosas y la liberación de heridas emocionales, las cuales intentaba ocultar tras un rostro tranquilo y una sonrisa angelical, que poco tenían que ver con la batalla campal que se libraba en su interior desde el momento en el que se convirtió en la niña abusada.

Era una niña pequeña y aun así llevaba demasiadas cargas para alguien de su tamaño, que nadie de su talla debía llevar a cuestas un secreto como este. No es algo que puede ocultarse demasiado, ¿sabes? El dolor de un alma rota por una situación de abuso en un ambiente frío es algo que brota a la superficie. Por más que la niña trataba de enterrarlo, ignorarlo y evitarlo, era una herida latente, profunda que se trasladaba a otras áreas de su salud física y su bienestar emocional estallando poco a poco como un cráter sobre hielo.

PRIMER INTENTO

Siento un pequeño dolor en el pecho y me cuesta respirar cada vez que recuerdo el día que la niña decidió hablarlo, enterrando todos sus miedos en el suelo y se decidió a contarle a la mamá lo que había sucedido.

La mamá estaba en el baño e iba a ducharse, mientras la niña, sentada en el inodoro, se repetía una y otra vez que tenía que contarle lo que había sucedido. Se decía a sí misma: «Tengo que decirle que él nos tocó más arriba de los muslos y que lo de mi hermanita, con los pantis abajo, no fue su culpa, sino del primo roba pantis quien las bajó».

En cada intento de soltar una palabra, su mayor temor era que la mamá le pegara. Siempre le pegaban por hacer cosas que no debía, por hacer demasiado ruido, por no ser suficiente en el colegio, por no velar a su hermanita. Por eso respiraba una y otra vez, abría la boca y volvía a cerrarla antes de finalmente poder emitir las primeras palabras para romper el silencio.

—Mami, tengo que contarte algo… —alcanzó a decir. Y la mamá volteó a mirarla al instante—, pero no quiero que me regañes. No me vayas a dar[2] —le suplicó mientras su mamá prestaba atención a lo que decía. Entonces la niña respiró de nuevo y añadió—: Es algo malo que pasó con mi primo, él nos tocó más arriba del muslo. —El rostro de la mamá palideció completamente y su expresión se transformó en la viva imagen del terror. La niña no pudo sino mirar el pánico en los ojos de su mamá y luego de eso le fue imposible expresar otra palabra.

---

2 Regionalismo propio de Puerto Rico, es una expresión que hace referencia al castigo físico, a los golpes.

«No puedo hablar» fueron las palabras que se dibujaron en la mente de la niña mientras volvía a enterrar la mirada en sus pies, sentada en aquel inodoro sintiendo vergüenza, culpa y temor inexplicable de volver a hablar de lo que había sucedido.

La mamá había entrado en pánico y la niña no sabía cómo traducir esa reacción. Su mamá era una adulta, ¿acaso estaba asustada?, ¿o acaso pensaba en «darle»? Más aún, ¿por qué guardaba silencio?, ¿tal vez sospechó lo que les pasó?, ¿quizás estaba pensando en que era la niña quien había hecho algo malo? La palidez en el rostro de la mamá y el miedo en su mirada le habían dado un mensaje equivocado a la niña haciendo que se silenciara ante el temor de haber hecho algo muy malo. Así que cerró sus labios, sacó todos sus miedos del suelo para dejarlos vivir con ella, impidiéndole abrir sus labios para hablar de eso que llevaba dentro. Así decidió cargarse de culpa, para llevarla a rastras por muchísimos años más.

La mamá entró a la ducha sin cambiar la expresión de pánico en su rostro, guardó silencio y no hizo pregunta alguna. Cuando la niña guardó silencio, la mamá también; ninguna insistió, argumentó ni dijo nada. Así que estas señales hicieron florecer en la niña el silencio, comenzando a esconder sus talentos. Ya en clases no se atrevía a levantar la mano para aclarar dudas, decidió ser desapercibida y muy silente.

Mientras estaba sentada en el inodoro, la niña entendió que lo mejor era callar, ya que los adultos de su entorno interpretaban el mensaje equivocado de cada una de sus acciones. De hecho, familiares que eran vecinos creían que podían ignorar las banderas rojas sobre el primo roba pantis. La niña no tuvo más opción que luchar contra un secreto que al parecer algunos miembros de la familia sospechaban y preferían saltarse. Este secreto se convirtió en los ataques de epilepsia de la niña, los cuales la afectaron durante gran parte de su niñez. Le tocó batallar con todas las secuelas emocionales, físicas y psicológicas que deja el abuso sexual.

SEGUNDO INTENTO

Aunque la niña nunca encontró apoyo en un adulto, ni la confianza o la seguridad suficiente para hablar de esto durante su infancia, sí que intentó conversarlo con su hermanita. La niña se sentía culpable, quería saber si la hermanita estaba consciente de lo que había sucedido, si seguía sucediendo, si había pasado algo más ese día con el primo roba pantis.

Ahora sabemos que la hermanita estaba viviendo bajo abuso sexual constante, gráfico, humillante, fuerte y reiterado, por lo cual, podríamos decir que era normal que no quisiera hablar de eso ni con su hermana mayor. Pero la hermanita ni siquiera entendía que se trataba de un abuso sexual. Simplemente era una situación desagradable, algo de su vida que odiaba con todas sus fuerzas y que no podía evitar. Debido a ello, se dedicaba a tratar de ignorarlo o de alguna manera bloquearlo, aunque el dolor se manifestara en forma de conducta irritable, un diagnóstico de déficit de atención e hiperactividad, así como autolesiones expresadas en golpearse la cabeza en las paredes y morderse a sí misma, todo a causa del abuso en sus edades de prekínder y kínder. Nadie se explicaba por qué mordía a otros niños en los salones, únicamente se lo achacaban al diagnóstico de déficit de atención con hiperactividad.

El mismo primo roba pantis, que la niña trataba de señalar, era el que le estaba haciendo daño todavía a la hermanita, ¡y ella no quería hablar de eso! Aun cuando este fuera el mecanismo de defensa de la hermanita, la niña se sentía más sola que nunca y muy culpable por todo lo que estaba sucediendo, sobre todo de la actitud de su hermanita, que se salía de control más a menudo. La niña, en búsqueda de escape, prefería pasar tiempo bajo el cuidado de su abuela y dejar que su hermanita se quedara con su mamá sin pensar que también se estaba quedando con el primo roba pantis, y que permanecería en un ambiente abusivo por tres años seguidos.

NO TE METAS CON EL PRIMO

Quisiera decirte que los miedos de la niña eran infundados y que ella habría podido hablar del abuso con sus familiares encontrando protección, amor y consuelo. Lamentablemente, la situación en realidad era todo lo contrario. Había buenas razones para que la niña tuviera miedo de contar lo que había sucedido y era que, en el vecindario familiar en el que vivía, el abusador era y siempre fue protegido. ¡Dios no permitiera que la niña dijera que el primo roba pantis había hecho algo malo! Nadie podía hacerlo molestar en casa, porque él era un niño complaciente con las tías y su tío, era amable y merecía ser protegido, así como todas sus fechorías debían ser ignoradas y olvidadas inmediatamente, sin importar si herían a otras personas en algún sentido.

Como te mencioné en el capítulo anterior, la tía a quien el primo roba pantis había visto desnuda y enjabonando sus senos sospechaba lo que había sucedido, solo que decidió pasarlo por alto. Cada vez que la niña levantaba la voz para decir que el primo había hecho algo malo, la tía que vivía cerca, en la entrada al callejón frente a la iglesia, soltaba un sonoro grito diciendo: «¡A tu primo lo dejas tranquilo!», y si algo molestaba al primo, seguramente sería a la niña a quien regañarían por imprudente, impertinente o «fresca[3]».

Y vaya que todas estas cosas enardecían una ira increíble en el pecho de la niña, quien había sufrido a manos del monstruo roba pantis y que parecía que no sufriría castigo nunca. ¡Es más! Te sorprendería saber cómo las tías favorecían tanto al primo roba pantis, que incluso muchos años después

---

3 «Fresca»: regionalismo que describe a una persona con actitud desvergonzada e imprudente en el ámbito sensual.

de todo esto lo seguían protegiendo como si fuera hijo de ellas. Incluso le dieron préstamos para adquirir vehículos, velaron por él y siempre lo tenían en buena estima. Aun después de saber que el chico era un abusador, decidieron favorecerlo e ignorar todas esas actitudes que hicieron tanto daño a unas pobres niñas que no tenían la culpa de haber nacido en una familia tan negligente, carente de amor y sentido de protección.

De hecho, hasta ahora, el primo roba pantis nunca fue confrontado por lo que hizo con la niña ni con la hermanita. A pesar de que las tías, la mamá y el papá de las niñas lo sabían, nunca le dijeron nada, no lo confrontaron, no lo llamaron aparte ni le hicieron mención de todo lo que ahora se sabía.

Sin embargo, no podemos descartar que el monstruo roba pantis haya tenido más víctimas, porque la forma como inventó el «juego del gongolón» no parecía ser algo improvisado, sino que más bien lucía ensayado o quizás como algo que él había visto con anterioridad. Entonces alguien más debía saberlo, tal vez su madre o su padre, pero nadie lo detuvo y nunca recibió confrontación por ninguna clase de abuso.

BUSCANDO LA SALIDA

El silencio es muy incómodo. Tener algo atravesado entre el pecho y la garganta y no poder decirlo es una de las sensaciones más horribles a las que puede enfrentarse un niño. Sobre todo, si eso que tiene para decir es tan pero tan malo que pone en riesgo su integridad física, mental, social y emocional. La niña no podía decir nada de lo que había pasado: era demasiado peligroso y nunca había recibido una respuesta favorable, así que comenzó a buscar alternativas para mantenerse cuerda o la culpa acabaría por sacarla de sus cabales.

Entre sus escapes favoritos estaba la iglesia. Era una catequista dedicada con tan solo trece años de edad y fervientemente asistía a los servicios juveniles en los que algunas veces sufrió ataques de epilepsia, producto de ese secreto mal guardado que seguía persiguiéndola adonde fuera. Otro escape que la niña ideó para mantener su propia estabilidad emocional era la escritura; amaba escribir historias lejanas a la realidad, poemas que revelaran partes de su carácter y canciones dedicadas a cualquier cosa que la hiciese sentir feliz, triste, enojada o simplemente llamara su atención.

La niña prefería estar fuera de casa, compartir con sus amigas, formar parte de clubes de cosas que le interesaban como los Asistentes de Biblioteca, ¡e incluso se convirtió en la presidenta con tan solo once años! Se involucró mucho en cosas de la escuela y se mantenía visitando a sus amigas, a quienes amaba mucho y convivía ampliamente.

Al cumplir los catorce años, la niña tuvo su primer novio, con quien tuvo una relación estable por muchos años. La familia de su novio la acogió como si fuera otra hija más, eran buenos con ella y los amaba muchísimo. Fue un joven comprensivo, que la escuchó, la apoyó y siempre la protegió, por lo que ella se sintió a salvo para contarle lo que había sucedido con el primo roba pantis.

La niña, a pesar de todo, era de mente analítica y de buscar siempre opciones para sentirse bien con ella misma. Nunca perdió el norte en socializar y en superarse, ella observaba lo mejor de otras personas, aunque no fueran familiares de ella. Siempre buscaba la forma de abrazarse a sí misma para ir forjando la mejor versión de ella. A pesar de no tener una familia comprometida con su desarrollo social, mental, académico y físico, ella no dejaba de persistir en seguir explorando su interior. Si de algo estaba segura, era de que no podía callar más lo que tanto la consumía por dentro.

ES HORA DE LLAMAR
A LAS COSAS POR SU NOMBRE

Después de un periodo difícil en el que la niña tuvo que volver a vivir en la casa de sus tías, ella decidió que era absolutamente necesario llamar las cosas por su nombre. Con la garganta desgarrada debo contarte la primera vez que rompió el silencio y decidió soltar lo que le había sucedido sin importar la respuesta que recibiese.

La niña, ahora de diecisiete años, decidió hablar con sus tías de lo que el primo roba pantis había hecho. ¿Te imaginas llevar a cuestas todas las secuelas y consecuencias de un abuso sexual por más de doce años completamente en silencio? La niña ahora era diferente, ella quería hablar de ello y nadie podría detenerla. Ya había tenido tiempo de analizarlo y se imaginaba que ellas lo sabían, pero no era lo mismo que ellas se lo imaginaran a que la niña se los dijera con sus propios labios.

No podría haberlo hecho antes, porque, cuando era más pequeña, las tías complacían demasiado a todos los primos, incluyendo al roba pantis. Ahora la niña tenía que volver a vivir con ellas y no volvería a tolerar una situación de abuso nunca más.

Tal como la niña se lo imaginaba, dos de las tías sospechaban que el abuso había existido y una tercera, la que vivía frente a la iglesia de la entrada, insinuó de forma muy directa que la niña estaba inventando lo que contaba, puesto que tenía un prejuicio y celos contra el primo roba pantis.

La respuesta textual de las tías y que pone al descubierto la necesidad que tenían de encubrir cualquier cosa que pudiese salirse de su marco de creencias fue: «¡Ay, ya vienes tú a sacar cosas viejas!», dijeron casi al unísono, tomando una actitud esquiva y de negación, casi completamente cerradas a enfrentar el escándalo que representaba tener un abusador en la familia.

Las mujeres de esta familia, en especial las tías, por su cultura muy machista, no ejercían ningún tipo de guía o liderazgo. Siempre debían esperar que los hermanos tomaran las decisiones, se hicieran cargo de todo y su papel en este universo era simplemente hacerse cargo de los muchachos, cuidar la casa y todo lo que esto representaba. Tener la sospecha de que el primo hacía cosas a escondidas, abusaba de sus privilegios y quizás no debía estar cerca de las niñas, ponía en jaque todas las decisiones que estas tías debían tomar, dado que para destapar ese montón de secretos tendrían que entrar en un conflicto con el papá del primo, el papá de las niñas y enfrentarse a toda una clase de preguntas incómodas, eventos desafortunados y reacciones que romperían por completo la armonía de la casa. En pro de evitar todo esto, sacrificaron el bienestar de las niñas, rompieron su inocencia, cercenaron una y otra vez su derecho de expresarse y sentirse protegidas, amadas, cuidadas en su lugar de infancia, donde les fue arrebatada cada parte de ellas. Hasta sus pequeños rinconcitos y los alrededores donde jugaban libremente, se convirtieron en espacios de miedo ante ser sorprendidas por el roba pantis.

NUNCA ES TU CULPA

Permíteme decirte, niño o niña valiente y fuerte que has decidido romper el silencio, pero no recibiste la respuesta esperada de parte de tus familiares: hiciste lo correcto. Estás en la primera etapa de un proceso de sanación que puede ser muy doloroso, no obstante, te permitirá ser libre de todas las ataduras que has cosechado durante años para protegerte, aunque también te hayan hecho mucho daño.

Sé que llena mucho de coraje cuando te culpan, te dicen que si hubieses hecho esto o aquello, si hubieses tenido otra ropa, otra actitud o hubieses estado en otra parte el abuso no habría sucedido, pero quiero ser suficientemente clara con respecto a esto: el abuso sexual en ningún nivel es tu culpa. **Nunca, NUNCA es tu culpa.**

Un par de párrafos atrás, te conté cuando la niña habló con sus tías, aunque no te dije que ella no dejó de sacar el tema cada vez que fuese necesario, aunque resultara incómodo y suscitara comentarios negativos, hirientes o ignorantes con respecto a lo que había sucedido. La niña se había determinado a sacar ese tema viejo todas las veces que fueran necesarias, para que nadie más saliera herido en su casa y para que el primo roba pantis recibiera la justicia que se requería en el caso.

Es verdad, transcurrieron muchos años antes de que la niña se enterara de que su hermanita había sufrido casi tres años de abuso ininterrumpido. Esto hizo que en la niña hubiese un brote de coraje que embargó su ser y sus entrañas en algo que no podría describirte. No era solo la culpa, era la ira de no haber podido hacer nada, de solo imaginar a todas las personas que sospechaban esto y no hicieron nada, era la impotencia de saber que su hermanita ahora estaba sumamente rota también, por culpa de una mente ociosa y de una familia negligente que no hizo lo que debía hacer para que esto dejara de ocurrir.

Fue de nuevo a encontrarse con sus tías y a reclamarles lo que había sucedido con su hermana, las palabras no encontraban un orden lógico para describir la injusticia que se había vivido bajo su techo. Sus manos temblaban con ira y alzaba la voz mientras las tías, ya envejecidas por los años y por la vida, la miraban con un gesto irónico como quien vuelve a decir: «Ahí vienes tú con tus cuentos viejos».

—Si tú hubieses abordado diferente la situación cuando nos fuiste a buscar con la sombrilla; si nos hubieses preguntado qué había pasado y nos hubieses escuchado, nada de esto hubiese pasado tantos años atrás —le dijo la niña, ahora una mujer adulta, fuerte y valiente que no iba a dejar que nadie más pisoteara su dolor, sus heridas y que minimizaran su voz de reclamo ante la injusticia vivida por ella y su hermanita, por culpa del primo roba pantis.

La tía de la sombrilla negra negó con la cabeza y con total indiferencia hacia lo sucedido, simplemente dijo: «Es que ustedes de nenas eran bien frescas». La burla que salió de sus labios enardeció enormemente a la niña, quien no podía soportar que alguien más le dijera que era su culpa lo que había sucedido.

¿Cómo podría ser su culpa?, ¿cómo podrían ellas tener una actitud que invitara al abuso sexual?, ¿de verdad era esa su forma nueva de proteger al abusador?, ¿o era una burla para ella, como queriendo decir que ya no podía hacerse nada? El dolor se instaló en el pecho de la niña por más de una semana, las taquicardias no la dejaban dormir y la sensación de ansiedad la estaba carcomiendo, al punto de que decidió que necesitaba ver a un psicólogo para tratar el tema de este abuso sexual que se había gestado en el seno de una familia negligente que protegía al abusador aún después de más de veinte años conociendo las atrocidades que hacía.

EL DESPERTAR DE LA IRA

Pasaron muchos años antes de que esa ira angustiante se despertara en el interior de la niña y no sucedió por su propio problema de abuso, sino más bien, veinte años después cuando su hermanita, que ahora también era una mujer adulta, la llamó por teléfono para decirle que había sufrido abuso sexual de la forma más cruel y sin medidas.

Después de tanto insistirle cuando eran pequeñas, finalmente la niña recibía respuesta a esas dudas infantiles que crecieron con ella. Lo único que la niña recordaba del abuso de su hermanita era verla con los pantis abajo y un líquido recorriendo sus piernas. Y el hecho de no saber si este había sido el único evento muchas veces le hacía sentir culpa en su interior; también la hacía pensar que esto era todo y no había nada más que saber, pues si hubiese pasado algo más, seguramente ya se habría enterado por la hermanita.

Esta forma de negar o mitigar la culpa la ayudó a suprimir sus emociones, por lo que no pudo contenerse cuando su hermana le confirmó el abuso sexual reiterado al que estuvo expuesta desde los cuatro hasta los siete años de edad. La explosión de emociones que hubo en su interior fue algo que nunca antes se había permitido sentir y que se había vuelto prácticamente inmanejable para la niña. En este punto, ella deseaba denunciar que todos supieran con detalles lo que había pasado y deseaba encarar al perpetrador y los otros responsables del abuso, los cuales empezaban por el monstruo roba pantis, sin olvidarse de las tías con su negligencia de permitir que el padre de este niño viviera por tanto tiempo en los bajos de la casa. Ellas, al hacerse la vista gorda, consintieron que este, en pleno inicio de la adolescencia, se saliera con las suyas, cuando las señales de que algo así podía pasar, el hecho de robar pantis de los cordeles y ponérselas, mirar a una de ellas mientras se lavaba sus senos, eran banderas rojas suficientes para no permitir que estuviera cerca de las niñas. Y en todo esto, la falta de afecto y compromiso de los padres de las niñas también fue puerta de entrada fácil para el roba pantis.

LA RABIA ES UNA CARGA MUY PESADA

Ya de adulta, la niña se había convertido en socióloga con preparación en psicología, por lo que había aprendido a manejar muchas cosas con respecto a sus emociones. Por eso, al enfrentarse con la rabia y el dolor de entender que el abusador le había hecho tanto daño a su hermanita, hizo que se expresaran esas heridas internas tan profundas y tan infectadas que habían calado dentro de su ser hacia su exterior. Sin embargo, ella estaba clara de que su presente y su ahora eran valiosos, por lo cual sabía que no podía darle más poder a su pasado. Comprendía que tenía que aprender a abrazar esa historia como parte de su evolución como ser humano, sabía que no podía empeñar su propósito y debía abrazar el hecho de que estaba viva y que su voz como sobreviviente tenía que exteriorizarse por esas niñas a las que les arrebataron la vida otros abusadores. Ella estaba decidida a abrir paso al camino de la sanación, para ser agente de acción en este pedacito de tierra.

Es como llevar un dolor latente en el centro de tu alma, que intentarás ignorar toda la vida sin éxito. Algunas veces parecerá menos doloroso, mientras que otros días te impedirá levantarte de la cama. Ese dolor, esa ira, esa rabia, son una carga muy pesada que no te permitirá desplegar tu verdadera personalidad y que regirá muchísimas áreas de tu vida, haciéndote presa de tu abusador, aun muchos años después de lo que haya sucedido.

Entonces, la niña decidió hablar con sus colegas y buscar a un psicólogo especialista en temas de abuso sexual con mucha experiencia en la materia. Consiguió a un experto en el tema y pagó el costo de todas sus sesiones sin escatimar, entendiendo que esto era muy importante para su bienestar y para poder aprender a sanarse internamente y así seguir caminando hacia su propósito de vida.

El psicólogo expresaba entendimiento ante lo que la niña sentía. Este fuego que ardía en su interior por sentar al primo roba pantis en una silla y decirle, expresarle, gritarle, todo lo que había hecho, cuánto daño les había causado, cuántas heridas tenía en su interior y lo que había suscitado su abuso. La sugerencia del profesional fue buscar el número telefónico del primo y guardarlo, para que en el momento en que ella quisiera tomar la batuta, lo llamara y se sentara con él a hablar.

Debo decir que la niña nunca llamó al primo roba pantis. Sin embargo, sentía la fuerza y el poder de que en cualquier momento que quisiese, estaba lista para llamarlo y decirle todo lo que tenía por dentro. Por primera vez tenía una decisión en esto y podría tomarla cuando fuera que quisiera, porque lo que más daba rabia de todo el asunto era que el monstruo roba pantis las había dejado a ella y a su hermanita silenciadas y abrazadas a su dolor.

No voy a mentirte, fue un proceso largo, el psicólogo la atendió durante ocho meses ininterrumpidos y esa ira, ese fuego, esa rabia, se fueron apagando, para dejar lugar a un profundo entendimiento de que no era culpable de lo que había sucedido y de que no podía forzar a su entorno a vengarse del abusador, aunque él mereciera todo el peso de la justicia.

Y así mismo tú puedes aprender a soltar esa carga tan pesada que es la rabia contenida durante tantos años, la culpa tan fuerte que te han hecho sentir o que has tomado por tu cuenta, y todos los daños que te has ocasionado intentando sanarte, vengarte o simplemente sobrevivir. La rabia se hace más pesada con el paso de los años y se interpone entre tú y tus sueños, tus relaciones y tu capacidad para vivir en libertad. El proceso de sanación está en una sola decisión: debes querer soltar la rabia y comprender, para que tu alma deje de sentir ese dolor incipiente por haber guardado silencio tanto tiempo o por haber cargado con todo ese peso que nunca debió estar sobre tus hombros.

FUI ABUSADO O ABUSADA: ¿QUÉ ES LO QUE SOY?

El abuso sexual en cualquier edad es un evento tan traumático que corrompe la identidad del abusado de forma tal que le cuesta entender o reconocerse dentro de su propio entorno. Entonces, es difícil saber cómo comportarse o qué hacer, en vista de que el temor que existe de las reacciones que puedan suscitarse es demasiado paralizante.

La niña era muy suspicaz, inteligente y observadora. Así que escuchó muchas veces lo que sucedía con otras niñas. Al oír historias sobre que un niño fue tocado en sus partes íntimas, que una niña fue abusada por su padre o cualquier otro tema similar, ella inmediatamente entendía que también había sufrido eso, que ese mismo abuso y ese mismo tipo de abusador estaba cerca de su casa inventando juegos para aprovecharse de ella. No obstante, su entorno y su crianza la llevaron a pensar y repensar que esa situación le ocasionaría un castigo. Ella nunca pensó que era la víctima en todo esto, pensó que sería castigada como culpable de haber hecho algo malo, porque tal vez «no se había sentado bien derecha» o quizás «no había cerrado bien las piernas», por todas esas cosas que la mamá y las tías repetían constantemente y que una niña de cinco años no tenía por qué entender.

Entonces ella nunca, durante toda su infancia y sus intentos por romper el silencio, pudo situarse como lo que realmente era: una víctima de abuso, la sobreviviente de un hecho terrible que ningún niño debía tener que sufrir. La verdad es que conocer esta realidad es algo que hubiese ayudado mucho a la niña a denunciar al abusador en su momento, a romper el silencio mucho antes y sanar sus heridas de forma diferente.

Es por eso que debo decirlo una vez más, por si no fui clara antes: **el abuso sexual nunca es tu culpa** y no mereces ser castigado por ello. Esta es una verdad que empodera a muchos sobrevivientes de abuso en el mundo, para entender que su vida va más allá de un evento que pudo marcarla negativamente, porque al dejar de sentirnos culpables podemos comenzar a aceptarnos plenamente y abrirnos paso al momento presente para la sanación.

SIEMPRE ROMPES EL SILENCIO PARA TI MISMO

A pesar de que tratemos de envalentonarnos repitiéndonos que quizás romperemos el silencio para que esto no vuelva a suceder, para que no dañen a alguien más como lo hicieron contigo, con la niña o con su hermanita. La verdad es que romper el silencio es el comienzo de tu sanidad interior y de un proceso en el que aprenderás a estar en paz contigo mismo.

En el 2019, hice un taller llamado «Soltando los miedos: un paso para la acción», en el que personalmente hablo del perdón, la importancia de sanar y de soltar esos miedos para seguir adelante. Entonces, una sobreviviente de violencia de género me hizo una pregunta que me ayudó a describir perfectamente esta situación. Ella preguntó: «¿Cómo puedo hacer yo para perdonar a quien me agredió y me hizo tanto daño?», y yo le conté mi testimonio, de que fui abusada en mi infancia y cómo el proceso de comenzar a perdonar era vital para poder soltar y liberar esas heridas internas. Esta oportunidad me sirvió para explicar que, a través del proceso del perdón, me iba acercando a la sanación, entendiendo que si no lo hacía yo misma me estaba haciendo prisionera de mi propio abusador por más tiempo. Entonces, no solamente estaba dando el poder de que manchara mi niñez, sino que arrasara con mi vida entera. ¡Y vaya que esa persona no puede tener ese poder!

Es un camino larguísimo y doloroso en el que uno tiene que trabajarse a uno mismo, rompiendo miedos, recogiendo los cristales rotos de la tristeza que vivimos día tras día, reconstruyendo nuestra autoestima, levantando nuestra imagen de poco en poco, para poder entendernos y definirnos tal como somos, más allá de lo que nos haya sucedido. Negarlo no va a hacer que desaparezca, en cambio, empodera a ese abusador para que siga sellando nuestros labios, impidiendo levantarnos contra lo que es incorrecto, que no debió suceder y de lo que no somos culpables.

Entonces nunca pienso que debemos hablar de esto pensando en los resultados que se obtendrán en la sociedad, en nuestro entorno, en nuestra familia y en el ámbito legal. La razón por la que rompemos el silencio y hablamos del abuso sexual que sufrimos es porque reconocemos que sucedió y que estamos dispuestos a levantarnos para seguir adelante, independientemente de la respuesta que recibamos.

Permanecer estancada no es una opción, romper el silencio nos ayudará a ir entendiendo que seguimos teniendo un propósito y que debemos trabajar para perseguirlo. He conocido personas muy talentosas, hermosas y con mucho para dar y lamentablemente fueron silenciadas por maltratos y abusos, fueron condenadas por su abusador a permanecer tímidas, escondidas y en silencio, pues no querían llamar la atención de nadie. Asimismo, conozco a personas que se encerraron a sufrir abusos de por vida, por el simple hecho de que nunca pudieron romper el silencio y salir de ese círculo vicioso, incluso llegando a convencerse de que merecían esas circunstancias.

Esto me hace recordar a una mujer sumamente talentosa que cocía, tejía y bordaba. La conocí porque vivía en un lugar de escasos recursos y trabajaba arduamente haciendo manualidades, pero cuando le preguntabas por el precio de una prenda, de un acabado o un trabajo, era incapaz de ofrecerte una respuesta certera. Mejor dicho, era imposible para ella establecer el precio de su trabajo, ya que había sido tan maltratada que desconocía su propio valor como ser humano. ¿Cómo entonces podría valorar la obra de sus manos? Tantos años de maltrato incesante, brutal y constante van diluyendo lo que eres, haciéndote creer que eres merecedor de todo ese sufrimiento. No obstante, al romper el silencio, retomas el control de ti misma y reconoces que merece la pena hablar de lo que sucedió, porque mereces vivir en abundancia, en felicidad, no lo dudes; mereces ser valorada y respetada, pero sobre todo mereces valorarte mucho y soltar los miedos para dar paso a la acción.

Y no importa cuántas veces necesites hablarlo para encauzar tu proceso de sanación y liberarte de ello. En el mundo, todavía se nos dice a los sobrevivientes que queremos «retomar el tema del abuso una y otra vez», incluso de manera insensible. Sin darse cuenta, o tal vez de manera totalmente intencional, de que estos comentarios protegen a los abusadores y siguen censurando a los sobrevivientes, convirtiéndose en un tropiezo para el curso de su sanación. Por eso, háblalo cuantas veces sea necesario, así sea con el viento, pero que no permanezca nada de eso vivido en tu interior.

LO QUE SIGNIFICA PERDONAR

El rencor puede ser encauzado de diversas formas: hacia el abusador, el entorno, las circunstancias o, incluso, hacia uno mismo. Ante todas estas realidades ineludibles, una forma para ver la luz en medio de tanta oscuridad y dolor fue abrirme paso hacia el perdón. Sabía que, si dejaba que la ira se apoderara de mí, me quedaría en el bucle del estrés postraumático y yo quería sanar, no quería cargar con el peso del recuerdo entre mi pecho, garganta y hombros, ya que pesaba mucho, pero no quería revivir una y otra vez el dolor, coraje y rabia. El dolor de pecho lo sentía yo, no mi abusador. Así que decidí hacer las paces conmigo misma, porque el acto de perdonar era poder sanar y avanzar hacia mi propia ruta.

Perdonar no significa olvidar, tampoco significa callar ni borrar lo que pasó. Perdonar es liberar todas las emociones negativas en torno a lo sucedido, a fin de poder desenvolvernos plenamente con nuestra propia voz, nuestro ambiente y todo lo que esto incluye. Entonces, perdonar también es dejar de sentir vergüenza, dejar de sentir miedo y entender que no somos culpables de lo que sucedió.

Es como una herida profunda y dolorosa que va mejorando, cicatrizando y que lleva un tratamiento especial para ser sanada. Cuando aplicas perdón y te ocupas de sanarla, de no dejarla al sol y no dejar que sufra más daños, la herida va a cerrar por completo y te va a dejar una cicatriz que ya no va a doler, aunque puede ser que nunca se borre; ya no va a infectarse, apoderándose de tu ser y de lo más valioso que tenemos: la vida.

EMPODERAR A LOS NIÑOS CON CONOCIMIENTO

Como padres, adultos responsables, profesionales de la salud y miembros de la sociedad, debemos propiciar los mejores ambientes para comenzar a hablar de este tema. Los secretos son sumamente dañinos para todos y tenerlos solamente fomentará la protección de abusadores como el primo roba pantis. Por eso debemos tener la versatilidad para hablar de las cosas buenas y malas que suceden, los docentes deben proveer espacios en los que los niños puedan contarles de manera segura si algo malo sucede en sus casas. Adicionalmente, debemos dejar de ignorar el diario proceder de niños que pueden estar sufriendo problemas día tras día en su casa.

La educación es un gran paso hacia la prevención de abuso sexual prolongado. Las escuelas deben integrar talleres sobre abuso sexual en edades tempranas. Las estadísticas nos han dejado saber que hay menores que han sido abusado desde tan solo un año de edad, hasta menos tiempo, y aun así los casos sonados no les hacen eco a los casos que quedan engavetados en el núcleo familiar, vecindarios e incluso por el propio sistema. Necesitamos romper los tabúes sobre el abuso sexual, ya que podemos salvar vidas y almas heridas.

Lamentablemente, a pesar de que eduquemos, también habrá siempre algunas mentes enfermas, pero si como sociedad creamos espacios seguros y nos activamos, podemos dar esperanza a nuestros inocentes de que existen seres que estamos por y para ellos, que haremos valer sus voces, pues sus experiencias sí cuentan y serán escuchadas.

Ahora bien, el peso de la prevención no debe recaer en manos de la niñez. A esa edad, lo que se quiere es respirar en calma y jugar libremente. Por tanto, como adultos, nos corresponde ser la voz de quienes no saben cómo defenderse. Tenemos que educarnos como país sin importar las edades.

La educación en torno a este tema debe impartirse desde la tatarabuela y el tatarabuelo, no puede reservarse para unos pocos ni para los profesionales únicamente.

Esto es un asunto social y global. Mientras escribo estas líneas, hay un niño o niña pasando por vivencias similares a las de la niña y su hermanita. Y si de algo estoy segura es de que las sobrevivientes también sanan cuando saben que los niños y niñas del mundo pueden jugar sin miedo a pasar por ese dolor. Tenemos que educarles con respecto al respeto de los cuerpos ajenos, ya que nadie está invitado a transgredir y tocar a otro.

CUIDADO CON EL CONSENTIMIENTO

Pero ojo con el tema de consentimiento en menores, esto se debe a que los niños pueden consentir acciones bajo coerción y desde algunas bastantes sencillas. Si le ofreces a un niño algo que le gusta a cambio de hacer algo que él no conoce, probablemente aceptará hacerlo y eso no es consentimiento, los niños no tienen la capacidad de consentir.

Es exactamente como el «juego del gongolón» al que la niña y su hermanita aceptaron participar, dado que pensaban que era un simple juego. El roba pantis tomó esto como excusa para chantajearlas y hacerlas sentir culpables de haber aceptado jugar. Tenemos que dejarles saber a los menores que si alguien los tocó o agredió a través de engaño, eso no es consentir; dejarles saber que si alguien le ofrece un dulce a cambio de hacerle algo que le produce dolor y miedo, que lo hablen ya sea con un policía, médico, maestro o compañero de clases.

CAPÍTULO III

En camino hacia la sanación

Tras la tormenta, llega la calma. Aunque ahora sientas tu espíritu quebrantado, tienes ante ti la posibilidad de reconstruirte. No permitas que el abuso defina tu futuro.

Levántate una y mil veces si es necesario, hasta que la luz interior vuelva a guiar tu camino. Sé compasiva contigo misma en este proceso. Tu dolor es real, honra tus emociones y busca ayuda cuando sientas que flaquean tus fuerzas.

No estás solo o sola, hay manos amigas esperando sostenerte.

Confía en que sanarás, a tu ritmo y a tu forma.

Eres más fuerte de lo que imaginas.

Tu historia no termina aquí.

NO ES UN PROCESO LINEAL

Buscando la luz tras la tempestad, es fácil creer que la sanación es un camino recto y predecible. Sin embargo, no hay nada lineal en recomponer un espíritu quebrantado. La raíz de cada flor perfora la tierra a su modo para alcanzar el sol. Así nos levantamos los sobrevivientes: zigzagueando entre avances, tropiezos y recaídas. Quizás creas que sanarás antes por haber sufrido «menos daño» o que tardarás más si el abuso fue prolongado, no funciona así. Cada quien transita su duelo de forma única, con sus ritmos y mecanismos. Lo importante es que sigas caminando, a tu paso, honrando tus emociones.

Caerás y te levantarás las veces que haga falta. Ten paciencia contigo mismo y celebra cada logro. Solo tú conoces tu dolor. No te compares con nadie ni busques atajos. Confía en que sanarás a tu modo y tiempo. Otros podrán caminar a tu lado, pero nadie puede sanarte excepto tú. Sigue avanzando entre luces y sombras.

Al final del camino te espera la calma.

UN LIBRO A LA VEZ

Para la niña, el arduo camino hacia la sanación de sus heridas de abuso estuvo lleno de libros. Ese encuentro con la lectura la ayudó a sumergirse en otras realidades y a mantener su mente abierta a lo que estaba sucediendo en el exterior. Uno de sus primeros autores favoritos fue Paulo Coelho; luego desarrolló un gusto natural por la literatura clásica como *El retrato de Dorian Grey* (1890), Gabriel García Márquez y tantas otras historias que le permitieron conectar con otras vidas, otros mundos y otras formas de ver las cosas.

Los libros fueron para la niña algo más que un simple escape, se convirtieron en un refugio secreto en el que su espíritu encontraba consuelo. Entre aquellas páginas, la niña se sumergía en otros mundos, escapando por un momento de su cruda realidad. Cada lectura era un bálsamo invisible que la ayudaba a mitigar su dolor y a nutrir su mente inquieta. Poco a poco, gracias a la magia de la literatura, la niña fue madurando, reflexionando sobre sí misma y sobre el mundo. Los relatos le permitieron confrontar sus propios fantasmas y miedos, hallando en la ficción la fuerza necesaria para reescribir su historia y sanar las heridas del alma.

Sin prisas ni demoras, con devoción, la niña abría libro tras libro y devoraba historia tras historia, mientras cada una de estas le otorgaba más conocimiento y entendimiento de otras realidades. Verse inmersa en aquellos mundos de fantasía e imaginación, le permitió a la niña ir forjando poco a poco una perspectiva diferente de la vida, con menos prejuicios y violencia. Cada lectura era una semilla que iba germinando en su mente y que, gota a gota, la iba nutriendo para poder madurar y entender que no era culpable, abriéndole el paso para poder superar el trauma sufrido.

LA MÚSICA Y LAS ARTES

A la niña le encantaba escuchar música y bailar, y estos eran otros de sus mecanismos de sanación personal. Encerrarse en su cuarto y poner música de Shakira o Thalía a todo volumen para cantar y bailar como si ella fuese la propia artista, era una experiencia liberadora, en la que podía ser ella misma y sentirse completamente tranquila, segura y cómoda con quien ella era.

Fueron la música y el baile los que ayudaron a que sus ataques de epilepsias fueran desapareciendo de su vida; pudo ir entendiendo que era así como su cuerpo liberaba el dolor que sentía, por el silencio que habitaba en su interior. Antes de esto, había escondido sus talentos, aunque aún los ocultaba para sí misma sin exponerlos externamente. Su talento para el baile, el canto y su creatividad en general eran mostrados para las paredes de su habitación, pero no para el mundo. Sin embargo, cuando se convertía en intérprete de sus propias imaginaciones, disfrutaba la música y cantaba a todo pulmón cualquier canción escrita por ella misma, como *Ojos de leona,* y que al cantarla le ayudaba a sentirse empoderada y liberada.

Lo mismo ocurría cuando se sentaba a imaginar historias y aún más cuando se disponía a escribirlas. Entonces ya no solo las leía, sino que hacía sus propias novelas llenas de emoción, magia, diversión, pensamientos profundos y todo aquello que la niña llevaba muy adentro y quería exteriorizar.

Entre los once y doce años, la niña incluso tomó clases de modelaje, lo que la hizo fortalecer su seguridad y su propio concepto de sí misma. También formó parte del coro de la iglesia, con lo que tuvo una oportunidad de alzar su voz, cantar, socializar y expresarse. Así pues, todos sus hobbies eran oportunidades para soltar, expresar y expulsar ese dolor con el que debía vivir.

Escribía novelas, dramatizaba con sus primas y juntas vivían realidades que querían tener cuando fuesen grandes o inventaban escenas salidas de su imaginación. Jugaban, interpretaban y actuaban, siendo algunas veces las buenas y otras veces las villanas. Lo que parecía ser solo un juego de chiquillas y una interacción divertida entre primas, se convirtió en medicina para esa niña que tenía el corazón tan roto. Por supuesto, en ese momento ella no tenía ni idea de que estaba sanando, aun así, la niña recuerda hoy esos juegos con una sonrisa en los labios y reconoce que sin ellos no habría podido salir adelante. En todo esto, ella se sentía bien, no se sentía excluida ni insegura, era parte de algo. Conectaba con su imaginación, se mantenía sociable, estaba segura de lo que hacía y mantenía la mirada hacia adelante.

Una de las canciones que repetía para sentirse con fuerza decía lo siguiente:

*«Siempre que camino
por la calle me preguntan si
mi mirada es artificial
y yo les digo que no,
que es neutral, es neutral, es neutral.
Ojos de leona es lo que tengo pa' conquistar,
ojos de leona son los que te hipnotizarán».*

Esta letra la seguía día tras día, cada vez que quería sentirse un poco más segura. Hoy en día, a estas autocanciones se les conoce como mantras o autoafirmaciones. Esta canción la niña la escribió en su proceso de adolescencia a la edad de doce años, entre otras más, que lamentablemente se perdieron con su libreta, una vez que se mudó con su abuela materna. Al igual que la creación de un cuento, todas estas técnicas que inconscientemente, sin conocimiento alguno, la niña aplicó durante su proceso de sanación, también hoy en día se les llama terapia narrativa.

Curioso cómo la niña era tan inteligente y adelantada para sus tiempos, pero la falta de estar en un ambiente saludable enjauló y silenció cada uno de sus talentos.

En la actualidad, la niña, que es toda una adulta, está dispuesta a seguir remando hacia su proceso de sanidad, pues reconoce que cuando se sobrevive de maltrato y de abuso, la sanación es constante y no tiene fin. Le ha tocado aprender, desaprender, caer y seguir levantándose día a día.

ES NECESARIO HACERSE PRESENTE

La verdad es que no hay nada más doloroso que un recuerdo que decidimos nunca soltar. Revivir constantemente el momento más difícil de tu vida tiene el poder suficiente para atarte y dejarte inhabilitado e incapaz de superar el daño que has sufrido. Con esto no quiero decir que debes olvidar lo que te pasó o pedirle a la persona abusada que lo olvide y siga adelante; no hay nada más insensible que esto.

Si bien es cierto que estuvimos expuestos a una situación adversa que nos marcó, ahora que hemos dado el paso de romper el silencio y hablar, debemos reconocer que la vida no se detuvo en ese momento y que está transcurriendo ante nosotros. Hacernos presentes en el aquí y el ahora es fundamental, recordando quiénes somos en realidad más allá de las etiquetas y del episodio del pasado que se convierte en un estigma. Esto nos invita indirectamente a llevar a cabo actividades que nos hagan entender que ya no somos víctimas, como por ejemplo un diario de gratitud, escuchar nuestra música favorita o conectarnos con aquello que amamos hacer son claves para anclarnos al presente.

¿Cómo hacemos esto? Recordando quiénes somos. La niña se sentaba a ver revistas y sacaba de ellas lo que más le gustaba: los vestidos, los artistas, la música... todo lo que llamaba su atención lo usaba para hacer un collage que iba directo a su pared o a sus libretas. Todo esto ahora lo conocemos como *vision board* y es una técnica psicológica que nos ayuda a visualizarnos, a tener una fuente de inspiración o motivación para seguir adelante.

La niña fue catequista de primer nivel, se sumergió en la palabra de Dios, encontrando así una relación con el Creador, la cual siempre la ayudó a mantenerse presente, no disociarse de la realidad y mirar hacia adelante. Esta espiritualidad activa, el sentimiento de agradecimiento y la fuerte conexión con Dios le sirvieron de motores para levantarse y seguir adelante con la vista al frente, a pesar de vivir en realidades difíciles.

Cualquier persona que necesite encontrar su propio camino hacia la sanación, lo que debe hacer es reunir esas actividades que le apasionen, encontrar las conexiones que sean necesarias dentro de su vida y que le hagan bien a su crecimiento personal, con la finalidad de hacerse presente y poder visualizarse en el futuro, para dejar de vivir y revivir el pasado. Esto no quiere decir que no busques ayuda, si necesitas ayuda profesional, nunca dudes en hacerlo. La realidad es que, como seres colectivos que somos, la ayuda facilita nuestro camino.

CAMINAR «SIN AYUDA»

Hoy en día, quizás, los psicólogos son muy populares y visitar uno es tan normal como tomarse un café con una amiga. En cambio, cuando la niña era pequeña y necesitaba ayuda, este tema era demasiado tabú para llevarla a un psicólogo. En sus tiempos, la salud mental era «para los locos» y el abuso era un tema demasiado tabú como para abordarlo con cualquier otro adulto. En este punto, podemos decir que encontrar el camino es demasiado difícil sin la ayuda necesaria ni la libertad de pedir ese auxilio.

A pesar de ello, la niña se aferró a las cosas buenas que conocía y se manifestó en ella lo que ahora conocemos como resiliencia. Esta capacidad innata de los seres humanos de usar el dolor como un impulso para cumplir nuestro propósito. Siempre tuvo objetivos claros y una meta por alcanzar, elementos determinantes para generar pasos estratégicos en busca del éxito. Esto es lo que la ayudó a no perder el norte y poder transformar sus circunstancias en lo que ella deseaba convertirlas.

La niña tenía notas muy bajas en la escuela elemental y, poco a poco, a través de la madurez que su crecimiento le ofrecía, pudo entender que si quería cumplir su objetivo profesional de convertirse en una persona capaz de ayudar a otras que hubiesen sufrido lo mismo, tenía que mejorar mucho esas notas y así lo hizo. Siempre fue muy estructurada, trataba de tener sus libretas y sus obligaciones en orden, a fin de que el resultado fuese excelente. Decidió aplicar todos sus esfuerzos en enfocarse en lo que tenía que hacer y esto la ayudó a alcanzar sus objetivos de forma cabal mientras crecía.

Así que, si hoy no tienes la posibilidad de conseguir ayuda profesional o si tienes miedo de hacerlo, puedes empezar por hacerte estas preguntas, que por supuesto no sustituyen el acompañamiento de un profesional en el caminar hacia la sanación: ¿qué es lo que te gusta?, ¿qué te apasiona?, ¿qué te mueve?, ¿cuáles son tus objetivos?, ¿a dónde quieres llegar? Seguro que hay una chispa en tu interior que espera a que decidas hacerte presente y te encamines a alcanzar tus metas.

Algo que ayuda mucho es ponernos metas a corto y a largo plazo. Así que te invito a que identifiques tres metas a corto plazo y tres metas a largo plazo cada cuatro meses. Eso sí, que las mismas sean medibles, precisas y alcanzables. También, puedes hacer un diario de elogios en el que vas a escribir al menos un elogio hacia ti diariamente. Por ejemplo: «Me elogio por hacer la cama en la mañana» o «Me elogio por alimentarme bien hoy», entre otros.

SALIENTES DEL CAMINO

Podemos identificar las diferentes formas con que las personas exteriorizan el sufrimiento tras haber vivido una situación traumática como el abuso sexual. Algunos recurren a mecanismos como bloquear los recuerdos, otros los reprimen temporalmente hasta que algún elemento los hace aflorar nuevamente a la memoria. Cuando esto se convierte en un problema que afecta severamente la salud, es señal de que debemos retomar el camino de la sanación, en lugar de desviarnos por veredas dañinas. Las salidas del camino pueden manifestarse en cuadros de depresión, ansiedad, estrés postraumático, ideas suicidas, o trastornos como el TDAH (trastorno por déficit de atención e hiperactividad), que presentó la hermanita de la niña.

Cuando el trauma se convierte en un problema para tu salud mental, con síntomas clínicos que la persona no puede controlar por sí misma, es necesario buscar ayuda profesional como la psicoterapia y, en algunos casos, medicación si fuese requerido. Esto no debe confundirse con las emociones y altibajos que podemos experimentar producto de nuestro día a día, que son procesos personales que podemos gestionar, aprendiendo a canalizar las emociones. Discernir entre un cuadro clínico y emociones manejables con apoyo es clave para encauzar adecuadamente la sanación.

No se puede confundir un problema clínico u hormonal con las diversas emociones que experimentamos producto de las vivencias traumáticas. Si bien estas emociones pueden ser intensas, son procesos personales en los que debemos aprender a identificar para trabajarlas a nuestro favor, sin dejar que se apoderen de nuestro día. Expresar de forma saludable la tristeza, rabia o frustración nos permite liberar la carga emocional sin hacernos más daño.

Cuando, ya siendo adulta, la niña se enteró del abuso reiterado que había sufrido su hermana, su culpa estalló abrumándola completamente. Las taquicardias, el llanto, la rabia, eran señales de esa herida profunda que se había rasgado. Fue entonces cuando decidió acudir a terapia psicológica para manejar ese torrente de emociones, con el fin de transformar todo ese dolor en fuerza para seguir creciendo y cumpliendo sus metas, sin quedar atrapada en el pasado.

Tampoco quiero que entiendas que ahora tenemos que mirar el recuerdo del abuso con agrado. Es normal sentirnos desagradados con el hecho y que rechacemos los actos por los que tuvimos que pasar. Lo importante de todo esto es entender cómo podemos canalizar las emociones salientes de nuestro camino, cómo podemos manejar el coraje o la tristeza para sentirnos libres de expresarnos. Hay personas que necesitan un espacio para llorar un rato y así liberar la presión interna, hay otras que desde la ducha cantan a todo pulmón. Todo está en ver de qué forma saludable podemos tratar estas emociones sin hacernos daño ni poner en riesgo el tránsito de nuestro camino hacia la sanación. La finalidad de la expresión de nuestras emociones no es estancarnos en ellas ni reprimirlas, es liberarlas y manejarlas a nuestro favor para abrirnos paso a la sanación.

LA IMPORTANCIA DE LA CONCIENCIA

Estar en el presente es una de las mejores formas de entendernos a nosotros mismos en este camino a la sanación, así como superar los pensamientos negativos y las emociones dañinas como la culpa para abrazar nuestro ahora. Esto es estar conscientes. Poder identificar nuestras fortalezas y debilidades es un gran paso a adentrarnos en nuestro interior.

Un ejercicio que puedo recomendarte es escribir en un papel aquellas fortalezas y debilidades que identificas en ti. Luego, puedes pensar cómo tus fortalezas pueden ayudarte a trabajar esas áreas débiles y encauzarlas de forma positiva y así usar ambas a tu favor. Esto nos ayuda a conocernos mejor y aprovechar nuestros recursos internos para avanzar en nuestro caminar a la sanación. Recuerda que la llave a la sanación eres tú, nadie más.

Trabajar nuestra conciencia es vital para retomar el curso de nuestras vidas luego de vivir una experiencia traumática. A través de la autodisciplina, podemos aprender a manejar nuestras emociones y reacciones de forma positiva. Por ejemplo, si sentimos el impulso de contar nuestra vivencia de abuso en una conversación, preguntémonos primero cuál es el propósito: ¿queremos ayudar a alguien que pasó por lo mismo?, ¿es pertinente en ese momento?, ¿buscamos generar cierta reacción en los oyentes? Hacernos estas preguntas nos permite actuar de manera consciente, sin dejarnos llevar por impulsos contraproducentes.

Con entrenamiento diario, podemos identificar nuestras debilidades y convertirlas en fortalezas, dominando esos impulsos para expresarnos de forma constructiva. Contar nuestra vivencia cuando sentimos que puede servir para apoyar a otros es una forma poderosa de transformar el dolor en propósito y sanación.

Dejar atrás el rol de víctima es crucial en el camino hacia la sanación. Es cierto que fuimos víctimas de abuso en algún momento de nuestras vidas. Pero no tenemos por qué asumir ese papel de manera permanente. Seguir viéndonos como víctimas indefensas ante nuestro agresor solo profundiza las heridas y entorpece la sanación. En cambio, cuando nos reconocemos como sobrevivientes y dueños de nuestro destino, podemos mirar adelante y cumplir nuestros sueños. Claro que no olvidamos el abuso ni lo justificamos, pero ya no nos define. Asumir plenamente nuestra fortaleza y valía personal es la mejor forma de sanar esas heridas y recuperar el control de nuestras vidas.

Dejemos atrás la mentalidad de víctimas para siempre y caminemos como sobrevivientes hacia la plenitud.

Esto forma parte de todo un proceso mental que implica no juzgarnos ni autocastigarnos, en el que tenemos que entender que quizás hoy no avancemos tanto, que quizás hoy contamos nuestra historia para dar pena o quizás hoy no tengamos las ganas ni las fuerzas de levantarnos de la cama y que, aunque esto sea así, es parte del proceso hacia la sanación. Del mismo modo, debemos identificar cuáles son esos rasgos de nuestro carácter, nuestro estilo de vida, que nos siguen trayendo de vuelta al mismo bucle interminable.

DEFINAMOS LAS RESPONSABILIDADES

Si bien dejar de sentirnos culpables es muy importante para nuestro camino de sanación personal, algo que he aprendido en mi transitar personal y como profesional es que debemos dejar también de culpar a otros por lo que nos ha sucedido. Solamente puedo decir que el agresor tiene la culpa de mi abuso y comenzar a culpar a mi entorno o culparme a mí misma solamente me sumergiría en una espiral de culpas que no tiene fin.

Entonces, entender que no somos culpables y nuestro entorno o nuestra familia no es culpable de lo que sucedió, sino que la culpa únicamente recae sobre el agresor, es parte importante del camino hacia la sanación que estamos buscando. No pretendo decir que nadie más haya tenido responsabilidades en el suceso, solo que podemos identificar esas responsabilidades con la finalidad de trabajarlas en nuestro propio entorno para impedir que estas situaciones sucedan nuevamente.

EL AGRADECIMIENTO ES CLAVE

Sentirte agradecido contigo es clave para el camino de la sanación. Agradece, puesto que, sin importar cómo ha sido nuestra historia, hoy tenemos la oportunidad de redefinirnos y dirigirnos hacia un nuevo comienzo. La vida cambia en minutos, pero tú has soportado mucho, has aguantado hasta aquí y con este libro en tus manos aún estás buscando una forma de redirigirte, de reinventarte y de simplemente surgir, por eso debes agradecerte, has tenido la fuerza para levantarte, continuar, abrir tu mente y seguir adelante.

Si observas cuidadosamente todos los elementos de tu alrededor e, incluso, los que están dentro de ti, puedes darte cuenta de que hay muchas razones para agradecer que estás vivo, que puedes respirar, que el sol te calienta, que puedes comer algo que te gusta, que sigues teniendo fuerzas para continuar. Por consiguiente, luego de superar un trauma como este, puedes agradecer que se te ha otorgado una voz sanadora para otros, que es una responsabilidad muy grande y, a la vez, es un privilegio, que te ayudará a sentirte con propósito cada día de tu vida.

¿Sabías que los diamantes se hacen bajo presión? Este es uno de los ejemplos que más me gusta usar cuando me cuentan sobre situaciones dolorosas. Nosotros somos esos diamantes que fueron forjados a través del dolor y que ahora brillamos con belleza, siendo capaces de valorarnos, apreciarnos y ponernos límites para saber lo que queremos conseguir. Entonces, convertirnos en esa piedra preciosa a través de la experiencia es algo que nos hará sentir agradecidos y que podemos exhibir con orgullo, como quien ha salido de una gran batalla y ha resultado victorioso.

NO HAY EDAD PARA EMPEZAR A SANAR

El proceso de sanación es completamente personal y comienza cuando cada uno se siente preparado para transitar ese camino de liberación. He conocido casos donde la persona no había podido hablar antes sobre su abuso sexual, pero al sentirse en un espacio de confianza y tomar la decisión personal de iniciar la sanación, pudo dar ese importante paso. Más que el momento o las circunstancias externas, lo crucial es la disposición interna para comenzar a sanar esas heridas cuando uno se sienta listo.

No existe una edad precisa para comenzar el proceso de sanación. Cada persona lo iniciará a su debido tiempo cuando sienta esa motivación interna. Como vimos, la niña rompió el silencio a los diecisiete años y su hermana pudo hablar del tema años más tarde en su adultez. Incluso si antes no se sintió preparada para abordarlo, llega un punto donde aflora esa necesidad de sanar. Lo importante es respetar los tiempos de cada uno, sin forzar ese proceso tan íntimo. Cuando cada una se sintió lista, dio ese gran paso de sacar afuera el dolor que llevaba dentro.

La hermanita, ahora adulta y madre, había vivido diversas experiencias que la llevaron a alcanzar cierta madurez. Pero a veces, aun estando lista para sanar, nos negamos ese proceso por miedo o vergüenza. Hasta que un día esa necesidad interior aflora y nos impulsa a abrazar la sanación. Nadie puede forzarnos a comenzar antes de sentirnos preparadas o preparados. Cuando cada una se sintió lista, dio el gran paso de exteriorizar su dolor y comenzar a sanar.

¿POR QUÉ DEBO SANAR?

Quizás ya has recorrido un proceso de abuso, un rompimiento del silencio y sientes demasiado dolor al dejar el rencor, la ira o el sufrimiento que sientes, ya que te parece que se ha convertido en una parte de ti. Aun así, debes saber que esas mismas emociones te están haciendo daño. La importancia de sanar un corazón tan destrozado es la misma que tenemos cuando una vajilla se rompe en mil pedazos. Si caminamos sobre los vidrios rotos, estos van a cortarnos, encajarse en nuestros pies y herirnos hasta incapacitarnos.

Entonces, la importancia de sanar está en que no te hagas más daño del que ya has sufrido, que dejes de sentir esa carga, ira o la necesidad de autodestruirte, que entiendas que todavía tienes una vida por delante y que hay muchas cosas en este mundo que están esperando por ti, por lo que te apasiona, que pueden moverte y que te darán un sentido para continuar.

Por el contrario, evitar el proceso de sanación podría llevarnos a tener conductas autodestructivas, negativas y dañinas que se traducirán en problemas de salud, comportamiento y carácter a la larga. Por lo que la sanación no es solo un tema personal que nos afecta a nosotros, sino que se trata también de la forma como vamos a relacionarnos con nuestro entorno social, amistades, familiares e incluso cómo vamos a actuar el resto de nuestras vidas.

ACOMPAÑANTES EN EL CAMINO

Quizás no has experimentado el abuso y estás leyendo este libro porque quieres saber cómo puedes ayudar a alguien que sí lo ha experimentado. En primera instancia, quiero agradecerte por ser esa mano amiga que quiere informarse para poder ayudar a personas que normalmente se sienten muy solas. Si hay una persona que ha roto el silencio contigo, que te ha contado lo que sucedió o que crees que está por contarte algo así, te puedo dar algunas recomendaciones: lo primero es que no cambies tus expresiones, evites mirarla con asombro o decir palabras negativas sobre el agresor. Antes bien, agradécele por compartir esa experiencia contigo, pregúntale si le gustaría que le pidieras perdón por lo sucedido y agradece una vez más por confiar en ti para este momento.

Toma en cuenta que este es un momento muy importante para una persona que ha pasado por abuso, así que solamente háblale de lo que desee contarte, sin forzar recuerdos ni momentos, no justifiques ni busques culpables, simplemente escucha todo lo que tenga para decirte. No le digas que entiendes lo que siente, por el contrario, puedes decirle que por más que intentes comprender, no alcanzarías a saber exactamente cómo se siente ese dolor. Dile que le agradeces la oportunidad de entender un poco lo que está sintiendo y que estás abierto a que te hable de este tema siempre que desee hacerlo. Hazle saber que te interesa lo que tenga para decir, que quieres saber cómo ha canalizado todo esto y cómo ha cambiado su vida.

La idea es que la persona pueda encontrar en ti un aliado en quien confiar, con quien hablar y a quien contarle sus vulnerabilidades, cómo trabajar en sus fortalezas y de alguna manera conseguir impulso y motivación para transitar el camino hacia el acompañamiento de su sanación.

Tampoco le digas expresiones como: «Ahora entiendo por qué te comportas de esta u otra forma». En esos momentos, debemos evitar el juicio y las palabras condenatorias, y, en cambio, propiciar un espacio de escucha activa para canalizar, soltar y que finalmente la persona pueda sentirse apoyada sin juicio.

LA CARTA DE CIERRE

2 de marzo de 2022

Querido dolor, querido pasado:

Hoy mi alma decide liberarse de la herida latente que por más dolorosa que parezca no puede cambiar. Pero hoy sí decido soltar lo que fue. Lo que no puedo cambiar. No puedo dejar mi mente en mis cinco años, ya soy una adulta, madre, profesional y en búsqueda de ser doctora.

Por favor, Dios, libérame del recuerdo que ha marcado mi vida. Quiero sentirme viva, sin culpas. Llevo años viviendo sin vivir por querer cambiar ese triste momento, pero reconozco entre lágrimas y tintas que estar anclada en ese pasado me mata y no me deja vivir.

Querida niña que hoy es mujer, perdónalo y suéltalo. El dolor del recuerdo y pensar en otras posibilidades no te deja crecer y vivir. No todos están en tu contra, no todos te quieren lastimar, no temas a la gente, no temas a la vida. ¡Por favor, vive!, ¡vive! Porque te lo mereces.

Querida mujer, ya no eres niña, ya no eres ese pasado, ya no eres esa historia. Despierta y no te quedes mirando más ese recuerdo que te atormenta y te tiene caminando dormida. ¡Por favor, despierta y acéptate en el aquí y el ahora!

CAPÍTULO IV

Para sanar tuvo que perdonar

El proceso del perdón para la niña fue duro, pues había pasado por retos fuertes, al punto de apagar su vida anhelando estar en el paraíso que tanto había escuchado de parte de miembros de su familia durante su niñez. Ellos decían que estar en el paraíso era paz, amor y felicidad eterna, por lo cual quería llegar a ese paraíso. Por consiguiente, tuvo dos intentos suicidas en su niñez. Uno de ellos fue en su habitación, poniéndose la sábana de su cama en su frágil cuello. He de aclarar que, en sí misma, ella no quería morir, quería vivir, pero sin recordar cada suceso violento de su vida. Ya no podía soportar el abuso físico, emocional y sexual.

En otro de sus intentos, estaba relampagueando y un rayo azul con el retumbar de truenos la detuvo en su segundo intento mientras estaba sentada en el baño repasando su vida entre golpes físicos por su madre, el abuso sexual infligido por su primo roba pantis y la indiferencia familiar. Sin embargo, ese trueno fuerte, mientras ella se ajustaba la correa ya con su lengua por fuera, la removió al son de un brinco que le hizo querer soltar la hebilla de la correa buscando rápidamente su respiración. Se sentó en la ducha a llorar mientras escuchaba los truenos y el agua bajaba por su cuerpo hasta quedar dormida en la ducha por unas horas. Al despertar, tomó su libreta de canciones para escribir sin parar. De esta manera, podía verbalizar lo que sus labios no decían, pero sus manos sí decían al son de movimientos que representaban las lágrimas de sus ojos entre tintas, papeles y letras.

La niña escuchaba una y otra vez que el perdón era la salida de su dolor. Se preguntaba: «¿Cómo puedo perdonar tanto dolor en mi alma?, ¿cómo puedo perdonar la transgresión de mi cuerpo?, ¿cómo puedo perdonar a quienes me dieron vida, pero me trataron con indiferencia y como un objeto que se deja en la mesa de la esquina?, ¿cómo puedo perdonar a quienes sabían las banderas rojas sobre mi primo, pero le dieron luz verde y entrada a estar cerca de unas niñas?, ¿cómo puedo perdonar las excusas de esas tías que, para minimizar el abuso, decían "otra vez con historias viejas"?, ¿cómo puedo perdonar a quienes me dijeron que todo era un cuento por celos a mi primo roba pantis?, ¿cómo puedo dar ese paso a soltar tanto dolor?».

Pero en la mente de la niña retumbaba: «Suelta, libera y perdónate tú. Perdónate por permitir, perdónate por creerte menos, perdónate por hacerte pequeña para que otros se engrandecieran. Perdónate por creer que esa era la vida que te tocó y por ende tenías que aceptar. Perdónate, niña mujer, te necesitas, el mundo te necesita, perdónate para liberarte a ti».

En cada titular sobre abuso sexual el espíritu de la niña regresaba, su historia despertaba, le dolía la forma tan amarillista que la prensa cubría cada noticia de víctimas de

108

abuso sexual. Le dolía ver como jugaban por épocas a los preocupados de un tema tan serio y complejo.

Pero la niña se preguntaba y se decía: «¿Cómo puedo hacer que la mujer que hoy habita en mí hable tanto por mí como por otras niñas y niños? Necesito hablar, no puedo callar más mi historia de vida por no querer incomodar a familiares, por el qué dirán social, por miedo al rechazo o a que otros me vean como un ser lleno de traumas».

La mujer le decía a la niña: «Tranquila seamos medicina para quienes han pasado por historias similares, seamos voz para que otras se atrevan a hablar y autoperdonarse. Nosotras conocemos lo que es sentir culpa por recibir abuso y es que esa culpa la siembra cada titular mediático, esa culpa la siembran familiares, esa culpa también nos la sembramos nosotras por malinterpretar aprendizajes llenos de machismo perturbador y de ¡ay bendito!».

La mujer le dice a la niña: «Te extiendo mis pasos, te extiendo mi mano hacia tu corazón, permíteme sanarte».

La niña interna suelta sus alas hacia el exterior y le dice a la mujer: «Creo en ti, caminemos juntas y abracemos nuestro propósito. Nos tenemos y sé que me vas a cuidar, amar y sanar como nadie lo hizo. Porque tú, mujer, lo eres todo. Gracias por no soltarme en el caminar, por cargarme a pesar de tanto dolor que te he ocasionado en diversas oportunidades. Quiero que sepas que te admiro más que nunca por todo lo que has logrado, porque, a pesar de la carga adicional que te estaba dando, sacaste fuerzas sin decirles a otros que me cargabas por dentro. Gracias por mantenerme por tantos años para que renaciera la niña alegre, libre, talentosa y carismática que siempre he sido. Te lo agradezco todo a ti, por ser ejemplo que la cura y la sanación vive en cada uno de nosotros. Estoy confiada en que cada niña y niño que sepa tu historia sabrá que no lo determina solo su pasado, sino que su presente y el camino hacia la sanación se encuentran en su interior y tienen el poder de llegar a él».

Entonces, ya la niña interior florecida en la mujer de hoy se ha encargado de seguir enfocada en su propósito de vida. Ya ve lo mejor en ella, pero también comienza a ver lo mejor de otras personas. Ya perdonada a sí misma, sigue forjando sus pasos. Se propone nuevas metas cada año. Utiliza su voz como herramienta sanadora entre talleres y conferencias. Se siente sanada y confirma que su historia de vida es eso, un capítulo para sus páginas de vida, pero no el único capítulo de su libro. Así, la niña le ha dado permiso a la mujer de hablar por todos sus años de silencio y para compartirles a otros las herramientas que ha utilizado en el transcurso de su vida con el fin de poder sanarse y perdonarse.

En el proceso del perdón, comprendió que no es «glamorizado» como muchos lo pintan por ahí. Es un proceso de espinas que se te clavarán en el camino hacia el perdón y, en ocasiones, te harán sangrar tanto por dentro como por fuera, hasta liberar todas esas voces habitadas en el alma por no poder exteriorizarlas. También, entendió que perdonar es perdonarse. No significa que va a abrazar y aceptar el daño recibido. Esas metáforas religiosas en ocasiones son permisos de consuelos para que otros sigan abusando de la buena fe de muchas personas. Así que se perdonó. Siguió enfocada en estudiar, crecer como persona y de guiar a su hermanita a seguir forjando pasos de propósito en su vida. En cada sesión en su práctica como estudiante de psicología se sentía liberada, ya que poder ayudar a otros a sanar su dolor interno era luz para ella.

Perdonó ciertos versículos bíblicos que han hecho que otros juzguen y lastimen a otras personas. Perdonó a quienes por fanatismo religioso repetían: «No importa si han violado a cien niños, si en ese último momento de vida le pides perdón a Dios, la persona se va para el cielo, porque Dios todo lo perdona». Perdonó a su religión, a su familia y a la sociedad. Perdonó a través de la escritura el dolor que no le pertenecía, ese dolor que fue sembrado por otros. Diciéndose a sí misma: «Voy a sembrar paz, amor y conexión con mi todo. Esta siembra de dolor las libero hoy en el camino, convirtiéndolas en polvo para que nazca la mujer fuerte, valiente, amorosa y resiliente que soy. Hoy recojo las cosechas de mi siembra, el fruto de la firmeza de que la mujer que soy es medicina y fruto vivo que se sana, pero sana a otros al camino de la autoaceptación y de impulsar que es posible crear nuevas páginas para su historia».

Su vida no la determina su pasado, sino los pasos que da en su presente. A ti, niña y niño, te abrazo y te digo: avancemos juntos a la búsqueda de tu propósito.

Recuerda, todos nacimos con un propósito y no hay una fecha exacta de inicio para el mismo. Si te sientes perdido en el camino, quiero que sepas que mientras tengamos vida no hay imposibles. Estas palabras fueron el mantra para el inicio de su carrera profesional tanto en radio, TV, talleres y conferencias.

Capítulo V

Reconstruyendo la autoestima desde la raíz

Algo que sabemos es que la vida de la niña nunca volvió a ser la misma, aunque ella se esforzara porque eso pareciera.

La niña pequeña de mirada triste sentía como si un huracán hubiese arrasado con su autoestima, dejando solo escombros en su interior. Por fuera parecía una niña normal, risueña y entusiasta. Pero por dentro llevaba una batalla invisible para reconstruir su valía, pisoteada por la huella imborrable del abuso.

Determinada a no dejar que ese episodio manchara su futuro, se propuso revivir su autoestima desde la raíz, regando con paciencia y amor propio el jardín interior. Con el tiempo, entre tropezones y avances, su nuevo árbol de autoestima reverdeció extendiendo ramas cargadas de frutos al sol.

AUTOESTIMA: DEFINICIÓN Y COMPONENTES CLAVE

La autoestima es la valoración positiva de uno mismo. Surge de pensamientos, experiencias y emociones que nos hacen sentir valiosos e importantes. Se construye desde la infancia, a partir de los mensajes que recibimos de padres, maestros y nuestro entorno.

Sus componentes centrales son:

- **Autoconcepto:** la imagen mental que tenemos de nosotros mismos. Se forma por como nos ven los demás y como nos juzgamos internamente.
- **Autovaloración:** el juicio que hacemos sobre nuestro valor como personas. Depende de estándares realistas y amorosos.
- **Autoaceptación:** aceptarnos íntegramente con nuestras luces y sombras, sin autocastigarnos.
- **Autocomprensión:** entendernos profundamente, conectando con nuestras emociones.
- **Autodesarrollo:** interés por cultivar nuestro potencial único y seguir creciendo.

La clave es valorarnos con equilibrio y compasión. Solo así florecerá una autoestima arraigada, permeando todos los ámbitos de la vida con su fruto.

Tras el abuso, la niña se sentía rota por dentro, indigna de amor y valía. Los mensajes de su entorno al proteger al abusador y culparla a ella y su hermana, fracturaron su autoestima. Se vio obligada a reconstruir, ladrillo por ladrillo, su sentido de valía.

Como te mencioné anteriormente, en ese proceso, la lectura fue su refugio secreto. En esas páginas encontraba consuelo, confrontaba sus miedos y fortalecía su perspectiva. Poco a poco, esos relatos le permitieron integrar su doloroso pasado sin quedar atrapada en él. También la ayudó refugiarse en su mundo interior a través de la música, el baile, la escritura y el arte. Al cantar, bailar y dramatizar, podía ser plenamente ella misma. Esas expresiones creativas eran vías para reencontrar su voz y autovaloración.

Con mucha paciencia, celebraba cada pequeño avance en su autoconcepto. Se reconoció como sobreviviente resiliente, ya no como víctima indefensa. Ese cambio de perspectiva fue decisivo para recuperar las riendas de su vida y forjarse un futuro claro, lleno de metas y sueños por cumplir.

EL ORIGEN DE LA AUTOESTIMA EN LA INFANCIA

La autoestima comienza a gestarse desde la más tierna infancia, a través de las interacciones cotidianas con los padres, cuidadores y demás figuras cercanas. Los pequeños están formando una impresión sobre sí mismos y el mundo que les rodea, por lo que internalizan los mensajes que reciben sobre su valía, sus capacidades y lo que merecen.

Los elogios, la validación de sus emociones, la calidez en el trato y el tiempo de calidad dedicado a los niños les demuestra que son importantes, que merecen respeto y que sus necesidades serán atendidas. Esto sienta las bases para una autoimagen positiva. Por el contrario, la crítica excesiva, la indiferencia o el maltrato, aun de forma no intencional, van minando la autovaloración de los infantes desde etapas tempranas.

Los estudios coinciden en que gran parte de la autoestima se desarrolla durante entre los primeros cinco a siete años de vida. Esta etapa resulta crítica, pues el cerebro infantil está formando conexiones neuronales y patrones de pensamiento que tenderán a perpetuarse a lo largo de sus vidas. Si crecen en un entorno de afecto incondicional, comunicación respetuosa, límites razonables y abundantes muestras de cariño y aceptación tal como son, los niños desarrollarán una autoimagen sólida y una valoración positiva de sí mismos.

Lamentablemente, no todos tienen la fortuna de crecer en ese tipo de ambiente propicio. Como vimos en el caso de la niña, a veces los padres y otros familiares, sin mala intención, pero por falta de herramientas, una crianza autoritaria o simplemente por estar enfocados en sus propias carencias emocionales, no logran proveer el entorno nutritivo que los niños necesitan para construir una autoestima resiliente desde bases tempranas.

La niña del relato creció desprovista del afecto, validación y cuidados emocionales imprescindibles durante los primeros años. La actitud fría y distante de la madre, así como sus exigencias y críticas excesivas, fueron erosionando la valía de la pequeña. Por si esto fuera poco, el abuso sexual sufrido a manos del primo roba pantis y el hecho de que su familia no la protegiera, sino que encubriera al victimario y la hiciera sentir culpable, fracturaron severamente su autoestima naciente.

Ante este panorama, la niña debió embarcarse sola en la titánica tarea de reconstruir, prácticamente desde cero, su sentido de valía y sus creencias sobre lo que merecía y era capaz de lograr. Se vio forzada a buscar estrategias para sentirse bien y valorarse pese a la falta de validación externa. Se refugió en la espiritualidad, en sus dones creativos y en explorar su mundo interior a través de la lectura, la música y el baile. Entre los libros que la inspiraron estaban títulos como *El alquimista* (1988) de Paulo Coelho y *Cien años de soledad* (1967) de Gabriel García Márquez. Sin embargo, la carencia de ese reconocimiento positivo externo durante la infancia crucial, le impedía una recuperación completa. Solo al integrar esas piezas rotas desde un genuino amor propio, su autoestima pudo finalmente reverdecer y florecer plenamente.

CÓMO EL ABUSO SEXUAL FRAGMENTA LA AUTOESTIMA

El impacto del abuso sexual en la autoestima de una persona puede ser devastador, especialmente cuando ocurre durante la vulnerable infancia o niñez. Al ser una experiencia sumamente traumática, infligida justo cuando la valoración sobre uno mismo se está formando, el abuso tiene el efecto de fracturar completamente la incipiente autoestima de las pequeñas víctimas.

El abuso transmite un mensaje dañino implacable de que el niño o niña no merece amor, cuidado ni respeto. Hace sentir que su cuerpo es un objeto sobre el cual no tienen ningún control ni derecho a la integridad. La brutal violación de su seguridad, inocencia y derechos más básicos a una infancia feliz corroe las bases mismas de la autoestima.

Los hace creer que son seres sucios, culpables o defectuosos de forma irreparable. Carcomidos por la vergüenza y la confusión, los niños callan porque sienten que han perdido su dignidad y valor como personas, además del miedo que sus victimarios perpetúan sobre ellos. Ese silencio solo profundiza las heridas, permite que el abusador controle sus vidas y les roba la voz durante muchos años entre el tabú y el silencio.

En el caso de la protagonista, el abuso sexual cometido por el primo cuando apenas era una niña, sumado a la negligencia de los adultos de su entorno familiar para protegerla y validar su dolor, fueron un golpe letal a los cimientos de su frágil autoestima infantil. El ultraje vivido y luego la indiferencia ante sus heridas la hicieron sentir degradada y como un ser humano sin valor.

Entonces eso fue lo que sucedió con la niña, quedó atrapada en un ciclo de vergüenza y culpa, creyendo que ella tenía la responsabilidad de lo ocurrido por ser una niña indigna. Todo esto fragmentó aún más la valoración personal que estaba desarrollando, ya de por sí dañada por la falta de afecto materno y paterno. Esto le hizo creer que no tenía derecho a integridad, cuidado ni felicidad.

Recomponer la autoestima después de la devastación causada por un trauma como el abuso sexual infantil es indudablemente complejo. Requiere un compromiso de por vida de hablarse a uno mismo y tratarse con la mayor dulzura, respeto, paciencia y cuidado. En caso contrario, es sencillo quedar atrapado en dinámicas de autodevaluación y culpabilidad tóxica, sintiendo que no merecemos más porque ya estamos rotos e indignos. Liberarnos de esas cadenas invisibles exige una gran valentía, fortaleza interior, disciplina y compromiso.

FORTALECIENDO EL AMOR PROPIO

Para fortalecer el amor hacia nosotros mismos, es importante conectar con nuestro ser interior, más allá de cualquier construcción social o trauma del pasado. Estar conscientes de nuestra esencia pura como individuos, sin etiquetas ni roles, permite reconocer nuestro valor inherente y cultivar el amor incondicional. Como indicó Osho en *El libro de la mujer* (2013):

Como hombre, ¿cómo puedes hablar de la psique femenina?

No hablo como hombre, no hablo como mujer. No hablo como mente. Uso la mente, pero hablo como conciencia, como testigo consciente. Y la conciencia no es ni él ni ella, la conciencia no es ni hombre ni mujer. Tu cuerpo tiene esa división, y también tu mente, porque tu mente es la parte interna de tu cuerpo, y tu cuerpo es la parte externa de tu mente. Tu cuerpo y tu mente no están separados; son una entidad[4].

Cuando entramos en contacto con esa conciencia esencial, el amor propio resurge desde nuestro interior para expandirse hacia el exterior. Cultivar el amor incondicional hacia nosotros mismos debe ser una práctica diaria, tanto en los buenos momentos como en los retos del día a día. Requiere dejar de lado el perfeccionismo y la autocrítica, para apreciarnos tal como somos, con nuestras luces y sombras. Decidir nutrir proactivamente nuestra autoestima cada día nos lleva a un crecimiento sostenido y productivo.

Fortalecer el amor propio comienza por hablarnos siempre con gentileza y respeto, como le hablamos a alguien

---

4 Osho. *El libro de la mujer (Fundamentos para una nueva humanidad): Sobre el poder de lo femenino.* Grijalbo, Madrid, 2010.

muy querido. Dejar de insultarnos o descalificarnos internamente. Reemplazar el diálogo negativo por palabras cariñosas y motivadoras que reconozcan nuestro valor inherente.

También significa establecer límites saludables con otros cuando sea necesario, privilegiando relaciones y entornos que realcen nuestra autoestima en lugar de dañarla. Asimismo, implica celebrar cada pequeño logro o avance en nuestras metas, en vez de criticarnos duramente por lo que aún no conseguimos.

El amor propio se fortalece agradeciendo todo lo positivo de nuestra vida y enfocándonos en nuestras fortalezas únicas. Cuando lo cultivamos diariamente, crece una autoestima inquebrantable basada en la aceptación incondicional de nosotros. Esto nos permite compartir amor desde la plenitud con las personas que nos rodean.

DESARROLLANDO UNA MENTALIDAD DE CRECIMIENTO

Cultivar una mentalidad de crecimiento es crucial para fortalecer la autoestima y alcanzar nuestras metas personales y profesionales, en contraposición a una mentalidad fija o estática. Precisamente, esta mentalidad implica tener la firme creencia de que siempre podemos aprender, desarrollar nuevas habilidades y mejorar cualquier aspecto de nosotros mismos con el esfuerzo y práctica adecuada. Significa adoptar una perspectiva positiva en la que consideramos que nuestro potencial no tiene límites predeterminados y que, si nos lo proponemos, podemos lograr prácticamente cualquier objetivo.

Para ser específica, una mentalidad de crecimiento se caracteriza por no dejar que el miedo al fracaso o a cometer errores sea un freno para intentar nuevos desafíos y perseguir nuestros sueños. Al contrario, ve los errores y obstáculos como oportunidades para aprender y mejorar. Implica motivarnos con un diálogo interno alentador, en lugar de limitarnos con pensamientos derrotistas. Por ejemplo, en vez de decir «no sirvo para esto», afirmarnos «lo intentaré hasta lograrlo» o, mejor aún, «lo lograré». Requiere ser conscientes de nuestras fortalezas únicas y trabajar para potenciarlas al máximo. Asimismo, significa identificar áreas que podemos mejorar y actuar proactivamente para desarrollarlas.

Adoptar una mentalidad de crecimiento también conlleva rodearnos de personas que realmente crean en nuestro potencial y nos motiven genuinamente a superarnos, en lugar de confirmar nuestros miedos o convencernos de conformarnos con menos de lo que podemos alcanzar. Implica buscar activamente oportunidades para crecer, asumir desafíos positivos y celebrar el esfuerzo en sí mismo, más allá de los resultados concretos.

Para poner en práctica una mentalidad de crecimiento, podemos realizar ejercicios como escribir tres cualidades positivas nuestras y tres áreas que podemos mejorar, y luego reflexionar sobre cómo aprovechar esas cualidades para trabajar en esas áreas de crecimiento. Al enfocarnos en lo que podemos potenciar en lugar de lo que creemos que nos falta, activamos una mentalidad de progreso continuo.

Entonces, adoptar y reforzar esta mentalidad requiere un proceso constante, convirtiéndola en un hábito diario, al igual que fortalecemos un músculo. Con perseverancia, podemos reconfigurar patrones mentales limitantes heredados del pasado. Hoy tomamos las riendas de nuestra vida para moldear un futuro brillante. Nuestra historia no está determinada: tenemos el poder de reescribirla impulsados por una mentalidad de crecimiento.

CELEBRANDO MIS TALENTOS Y CUALIDADES

A menudo la autocrítica y la falta de confianza nos llevan a enfocarnos excesivamente en nuestros defectos o debilidades, sin dedicar el tiempo para reconocer aquellas fortalezas únicas y talentos especiales que poseemos, así como todas las cualidades positivas que aportamos a los demás. Celebrar consciente y consistentemente esos dones es una poderosa herramienta para cultivar una autoestima saludable y tener claro el valor que posees como ser invaluable, único e irrepetible que eres.

Permítete identificar aquello que realmente se te da muy bien, en lo que sobresales y la gente suele elogiarte o pedirte consejos. Pueden ser habilidades artísticas como tocar un instrumento, pintar o actuar; intelectuales como facilidad para ciertas materias o idiomas; sociales como conectar fácilmente con desconocidos; o cualquier otra aptitud destacable. Recuérdalas con orgullo, escríbelas en un diario para dejar registro de tus logros relacionados a esos talentos. Reconoce y agradece por el fruto de tu esfuerzo y práctica diaria. Por ejemplo, si se te facilita escuchar y aconsejar a quienes atraviesan momentos difíciles, celebrar esa cualidad te impulsará a cultivarla y brindar tu apoyo desinteresado a más personas.

También reflexiona sobre los aspectos positivos de tu carácter, esas virtudes y cualidades personales que te definen como individuo y que enriquecen tu entorno. ¿Eres particularmente empática o empático, capaz de ponerte en los zapatos de otros?, ¿posees creatividad fuera de lo común para idear soluciones originales?, ¿tu perseverancia te permite alcanzar metas que otros abandonarían a medias? Identifica aquellos valores que te caracterizan para agradecer por ellos como si fueran maravillosos regalos de la vida. Al celebrar tus virtudes innatas, crecerá tu seguridad, energía positiva y magnetismo personal.

Comparte tus talentos y cualidades con el mundo, ya sea en tu círculo cercano o a mayor escala, pero sin falsa modestia ni necesidad de aprobación externa. Disfruta de ese brillo en los ojos de otros al reconocer tu excelencia en algún área, pero hazlo por satisfacción personal genuina, no por vana adulación. Tu valía emana de tu interior, no depende de aplausos ajenos.

Rodeándonos de personas que aprecian nuestras cualidades positivas, en un entorno que las nutra en lugar de opacarlas, nuestra autoestima se fortalecerá día a día de forma saludable. Hoy celebramos la magnífica persona en constante crecimiento que eres y los frutos que has cultivado con dedicación. ¡Eres extraordinario tal como eres! Esta es la oportunidad de desplegar tus alas al máximo.

Así fue como la niña encontró su camino de regreso a sí misma, a través de las palabras. A pesar de crecer rodeada de frialdad y falta de afecto en su entorno, se refugió en aquellos versos que sí sabían abrazarla con ternura. Se envolvió en poesía, literatura y canciones que le recordaban su esencia luminosa y su gran potencial como persona, su fuerza interior. Entre sus mayores inspiraciones estaba la poetisa Julia de Burgos, cuya pluma destilaba la miel del empoderamiento femenino y amor propio. La niña adoptó como un mantra personal su poema *Yo misma fui mi ruta*, recitándolo una y otra vez como un recordatorio de autoafirmación que la ayudaba a conectar consigo misma, con su valía y con su propósito de vida.

Hoy comparto contigo ese poema que fue medicina para su alma golpeada, con la esperanza de que también abrace y fortalezca tu espíritu.

«Yo quise ser como los hombres quisieron que yo fuese:
un intento de vida;
un juego al escondite con mi ser.
Pero yo estaba hecha de presentes,
y mis pies planos sobre la tierra promisora
no resistían caminar hacia atrás,
y seguían adelante, adelante,
burlando las cenizas para alcanzar el beso
de los senderos nuevos.

A cada paso adelantado en mi ruta hacia el frente
rasgaba mis espaldas el aleteo desesperado
de los troncos viejos.
Pero la rama estaba desprendida para siempre,
y a cada nuevo azote la mirada mía
se separaba más y más y más de los lejanos
horizontes aprendidos:
y mi rostro iba tomando la expresión
que le venía de adentro,
la expresión definida que asomaba un sentimiento
de liberación íntima;
un sentimiento que surgía
del equilibrio sostenido entre mi vida
y la verdad del beso de los senderos nuevos.

Ya definido mi rumbo en el presente,
me sentí brote de todos los suelos de la tierra,
de los suelos sin historia,
de los suelos sin porvenir,
del suelo siempre suelo sin orillas
de todos los hombres y de todas las épocas.

Y fui toda en mí como fue en mí la vida...

Yo quise ser como los hombres quisieron que yo fuese:
un intento de vida;
un juego al escondite con mi ser.
Pero yo estaba hecha de presentes;
cuando ya los heraldos me anunciaban
en el regio desfile de los troncos viejos,
se me torció el deseo de seguir a los hombres,
y el homenaje se quedó esperándome».

Julia de Burgos

ESTABLECIENDO LÍMITES SALUDABLES

Fijar límites claros y razonables con los demás es indispensable para proteger nuestra autoestima y bienestar emocional. Permitir que personas crucen esos límites sin consecuencias genera resentimiento y desgasta nuestro amor propio. Cultivar este hábito requiere valor, pero es esencial. Comencemos por identificar qué situaciones específicas nos incomodan o lastiman, en las que necesitamos poner un límite. Por ejemplo, que alguien cercano constantemente nos critique o menosprecie. Luego, definamos esa frontera de forma concisa y cordial, pero firme.

Podríamos decir: «Me hiere que pongas en duda mi capacidad. Te pido que dejes de hacer comentarios negativos sobre mis habilidades. Este es un límite importante para mí». Si la situación persiste, debemos reafirmar el límite o alejarnos de esa persona si fuese necesario.

Otro caso puede ser alguien que constantemente invada nuestro espacio físico o tome nuestras cosas sin permiso. El límite se plantearía así: «Necesito que respetes mi espacio y mis pertenencias. No dejes que se repita». Incluso con la pareja, podemos fijar límites ante ciertas actitudes controladoras: «No me parece saludable que me prohíbas salir con amigas. Si sigues intentando controlarme, me veré obligada a reconsiderar esta relación».

Al establecer límites saludables, solemos sentir culpa o miedo de parecer egoístas. Sin embargo, honrar nuestras necesidades no es egoísmo, es autoprotección y valoración de quienes somos. Claro que, con empatía, sin exigencias desmedidas, pero sin disculpar abusos. Nuestras fronteras también deben ser respetadas. Defender nuestros límites requiere constancia. No es tarea de un día, pero cada vez se vuelve más natural. Nos volvemos dueños de nuestra vida y dignos de la mejor compañía. Solo quien nos trate con respeto merecerá estar a nuestro lado.

Hoy damos el primer paso poniendo en palabras nuestra frontera sagrada. ¡Ya no más!

CULTIVANDO UN CÍRCULO POSITIVO

Rodearnos de personas que realmente nos valoren y crean en nuestro potencial es indispensable para fortalecer la confianza en nosotros mismos y cultivar una autoestima resiliente. Necesitamos nutrirnos de un círculo de personas que refuercen lo mejor de nosotros, no que resalten y alimenten nuestras inseguridades. Es importante reflexionar con honestidad si nuestras amistades y relaciones cercanas realmente aportan a nuestro crecimiento personal y bienestar emocional.

Las amistades constructivas se interesan genuinamente por vernos felices, crecer y alcanzar nuestras metas. Se involucran en nuestros proyectos, celebran de corazón nuestros logros y también nuestros esfuerzos cuando las cosas no salen como esperamos. Están presentes tanto en los momentos alegres como en los desafíos brindando apoyo incondicional. Su compañía y conversaciones deben dejarnos con mayor energía y vibración positiva.

Claro que en las relaciones cercanas también deben existir límites saludables. Por ejemplo, si nuestros amigos necesitan distanciarse un tiempo para atender asuntos personales o si algún comportamiento nuestro les está afectando, ellos deben sentirse en confianza de decírnoslo con respeto, de la misma manera que nosotros deberíamos hablar claro si se presenta una situación similar. Las relaciones positivas se nutren de un cuidado recíproco.

Por supuesto, ningún círculo de personas será perfecto ni garantía de felicidad instantánea. En toda amistad o noviazgo surgirán conflictos, malentendidos, días difíciles, pero lo realmente esencial es que prevalezca el respeto y el cuidado del uno por el otro, empatía y voluntad genuina de crecer juntos a través de esas adversidades. Cuando ese vínculo está presente, las asperezas se pueden trabajar y suavizar con una comunicación efectiva.

Entonces debemos estar rodeados de personas que realzan lo mejor de nosotros en lugar de juzgarnos con dureza ante cada error, que celebran nuestra singularidad en lugar de compararnos, que caminan a nuestro lado con paciencia y motivación ante nuestras caídas en lugar de condenarnos, nuestra valoración personal se nutre día a día permitiéndonos florecer plenamente en ese entorno amoroso que todos merecemos.

Esta es la invitación que debemos hacernos día tras día: hoy evaluamos si estamos en ese círculo virtuoso y damos pasos para mejorarlo de manera consciente. No olvides que las personas que te rodean deben impulsar lo mejor de ti para seguir avanzando a la mejor versión de ti como ser de luz, somos seres colectivos y nuestro interior también se nutre del exterior. Protege tu alma y verás cómo florecerá la abundancia y el amor en todas sus dimensiones sin olvidar que la llave y el poder lo tienes tú.

HERRAMIENTAS PARA POTENCIAR MI AUTOESTIMA

Luego de analizar cómo construir una autoestima saludable, veamos algunas herramientas concretas que podemos incorporar como hábito para nutrirla constantemente:

- **Palabras positivas**: dedicar unos minutos al despertar y antes de dormir para mirarnos al espejo y expresarnos en voz alta frases motivadoras que reconozcan nuestros talentos y cualidades, ayuda a programar nuestra mente con un diálogo interno orientado al crecimiento y la confianza. Podemos decir cosas como: «Hoy voy a dar lo mejor de mí», «Creo en mi capacidad para lograr esto», «Me amo y acepto tal como soy».

- **Metas pequeñas**: trazarnos objetivos realistas y alcanzables a corto plazo, desde tareas simples hasta sueños más grandes por etapas, y celebrar cada pequeño logro nutre nuestra confianza en nuestras capacidades, para luego abordar desafíos mayores. Disfrutar el camino es clave.

- **Música elevadora**: escuchar cada día melodías que nos llenen de energía positiva, ya sea mientras trabajamos o en momentos de relajación, genera un estado vibrante de ánimo que reafirma nuestro merecimiento de vivir la vida plenamente en celebración de nuestra singularidad.

- **Sonreír**: este simple gesto, además de tener un efecto contagioso en quienes nos rodean, activa sustancias químicas cerebrales que mejoran nuestro estado de ánimo. La sonrisa abre puertas a interacciones sociales enriquecedoras.

- **Postura erguida**: caminar con la cabeza en alto, los hombros hacia atrás y la vista al frente refleja y refuerza nuestra seguridad interior. Aunque a veces nos sintamos inseguros, mantener una postura erguida proyecta una actitud positiva.

- **Vestirse bien**: usar prendas, accesorios y un estilo que realcen nuestra singularidad, con los que nos sintamos cómodos y reflejen nuestra personalidad, refuerza la confianza para mostrarnos al mundo como realmente somos y no como otros esperan.

- **Meditación**: practicar meditación, aunque sea por pocos minutos al día, para conectar con nuestro ser interior, calma la mente y nos ayuda a soltar pensamientos negativos que refuerzan la baja autoestima, reprogramándola a una autoestima saludable y beneficiosa para nuestro día.

Cultivemos proactivamente estos hábitos energizantes que comienzan en nuestra mente y se reflejan en una vida extraordinaria. Recordemos siempre nuestra singular belleza interior y todo el bien que aportamos al mundo siendo nosotros mismos. Nuestra mejor versión nos espera.

Como el diamante, nosotros también podemos ser pulidos y mejorados a través de las adversidades que enfrentamos. Las presiones que experimentamos pueden ser dolorosas, pero son necesarias para sacar lo mejor de nosotros y permitir que brillemos con todo nuestro esplendor. Al igual que un diamante, cada uno de nosotros es único y valioso.

Tenemos habilidades y talentos que nos hacen brillar, pero a menudo necesitamos ser pulidos para sacar lo mejor de nosotros. Si podemos aprender de nuestras experiencias y crecer a través de ellas, nos convertiremos en seres más fuertes y resplandecientes. Así que, no tengamos miedo de las presiones que enfrentamos en la vida. Recuerda que al igual que un diamante, podemos ser pulidos y mejorados para brillar con todo nuestro esplendor, ya que de la adversidad se construye la firmeza de quienes somos como seres humanos y nos prepara para escalar el próximo capítulo de nuestra vida con más fuerzas.

CAPÍTULO VI

Renaciendo del dolor

Atravesar el túnel del trauma para emerger al amanecer de la sanación requiere una valentía inquebrantable y una confianza plena en la capacidad interior de sobreponernos y reinventarnos. Cada día, al despertar, tenemos la elección de quedarnos atrapados en las sombras del ayer o avanzar hacia la luz de un nuevo comienzo.

La niña, ahora mujer, optó por lo segundo. Decidió no permitir que su pasado determinara su futuro. Entendió, con la sabiduría que otorgan los golpes de la vida, que no podía cambiar lo ocurrido, pero sí podía darle un nuevo significado. En lugar de lamentarse por la infancia perdida o encerrarse en el caparazón del rencor, eligió extraer enseñanzas de su experiencia para fortalecerse y crecer.

Claro que no fue sencillo. Reconstruir la autoestima destrozada por el abuso, encontrar la voz acallada por años de silencio forzado, despojarse de la culpa que otros cargaron sobre sus frágiles hombros; todo esto requirió un coraje a prueba de tempestades. Hubo recaídas, crisis de fe, momentos de profunda soledad, pero nunca se rindió. Se aferró a la certeza de que su vida no acababa allí y de que merecía ser feliz.

Con tenacidad infinita fue reescribiendo cada día su historia, echando raíces profundas de amor propio y forjando alas fuertes para emprender el vuelo. Celebraba cada pequeño avance como una victoria, cada golpe emocional como una lección. Poco a poco, fueron sanando sus heridas. Encontró una voz transformada para alzarla por otras niñas silenciadas. Floreció entonces su propósito y vocación de ayudar a otros a transmutar su dolor en fortaleza.

Sabe también que su trauma no la define ni agota su identidad. Es una experiencia, por oscura que haya sido, que integra en su historia sin permitir que eclipse su ser multidimensional. Al conectar con su fuerza interior y sabiduría ha podido integrar su pasado desde un lugar de amorosa comprensión. Hoy es dueña de su vida, capitana de su barco y artífice de su propia transformación.

La gratitud es una poderosa herramienta que la ayudó en este proceso. En los momentos más oscuros, enfocarse en lo que agradecía encendía una chispa de luz dentro de ella. Agradeció por estar viva, por la belleza de la naturaleza, por las pequeñas alegrías cotidianas. Agradeció a quienes la escucharon y acompañaron en su caminar, por su fortaleza para nunca rendirse. Este simple acto de gratitud fue transformando poco a poco su mirada, y le permitió reconocer la luz que siempre estuvo dentro y fuera de ella. Hoy escoge vivir con plenitud el instante, sin quedar atrapada en el pasado ni tampoco apegada a un futuro incierto. Valora cada momento como un regalo. Ha comprendido que no necesita llegar a un punto final utópico para sentirse completa, porque la felicidad reside en celebrar el proceso. Ya no pospone su vida aguardando terminar de sanar porque ha entendido que la sanación no es un destino, sino una actitud con la que transita cada día.

La niña quebrantada se ha convertido en una mujer renacida de sus cenizas, convencida de su capacidad para sobreponerse una y otra vez. Ya no teme a las tormentas porque ha aprendido a confiar en la indestructible fortaleza de su espíritu. Sabe que posee las alas y la visión necesaria para elevarse por encima de cualquier adversidad. No pretende cambiar el pasado ni borrar las huellas que ha dejado en ella. Acepta con serenidad que esos episodios dolorosos forman parte de su historia y reconoce el crecimiento que ha brotado de ellos. Tampoco malgasta energías en aferrarse a rencores o lamentos estériles porque ha comprendido, tras arduos aprendizajes, que el perdón genuino libera el alma. Decide canalizar esas energías en continuar cultivando su jardín interior, nutriendo su autoestima, estrechando vínculos positivos y caminando con pasos firmes hacia la vida que anhela. Sabe que merece cosechar abundancia, alegría y amor. Se abraza con orgullo y celebra la increíble mujer en la que se ha convertido.

Hoy es una estrella que irradia luz propia, ya no se mantiene girando en torno a su dolor, sino que ha logrado trascenderlo sin olvidarlo ni minimizarlo. Vuela imparable hacia el futuro sin que las sombras del ayer pesen sobre sus alas. Ayuda a otros compartiendo sus aprendizajes porque ha encontrado un propósito superior que le llena el alma.

Con paciencia amorosa sigue regando cada día las semillas de gratitud, compasión y sabiduría interior. Aspira a continuar creciendo, sanando y redefiniéndose sin prisa, pero sin pausa. Sabe que la transformación personal es un proceso constante, una aventura fascinante en la que siempre hay nuevos territorios por explorar.

Es ahora una exploradora de su propio universo interior, una artista que esculpe su espíritu tallando posibilidades ilimitadas. Ha convertido su vida en una obra maestra sin final, rebosante de belleza y sentido. Su alma de niña vulnerable habita ahora en el cuerpo de una mujer valiente y visionaria que camina de la mano de la esperanza.

Tiene aún cicatrices internas que se manifiestan algunos días en forma de tristeza o desaliento, pero ha aprendido a escucharlas con paciencia. Sabe que no es un camino recto y que tropezará a veces con piedras del pasado. Se abraza en esos momentos con la certeza de que pronto volverá a encontrarse, como tantas veces antes, para seguir pintando su vida de los colores que ella elija.

Contempla el futuro con esperanza al reconocer su infinito potencial para reinventarse cuantas veces sea necesario, ya sin miedo porque sabe que lleva una fuerza imparable dentro de sí misma. Esa fuerza de quien ha atravesado la noche más oscura para renacer al alba con más luz en los ojos y más firmeza en sus alas.

LO QUE ESTA NIÑA QUIERE MOSTRARNOS

La niña de esta historia creció para convertirse en una mujer que tomó las riendas de su vida y se dedicó a servir a otros. Se especializó en sociología y psicología, luego impactó a muchas personas a través de sus talleres, consultorías y sus cápsulas educativas.

Su historia nos demuestra que siempre podemos reescribir nuestra vida y nacer de nuevo tras las mayores adversidades, que somos dueños de nuestro presente y creadores de nuestro futuro. Nadie, salvo nosotros mismos, puede arrebatarnos esa capacidad de transformarnos cada día en la mejor versión de nosotros mismos.

Ante los desafíos, no digamos que estamos irremediablemente limitados por nuestro pasado. Mejor afirmemos que cualquier experiencia, por dolorosa que sea, puede convertirse en aprendizaje y crecimiento. Declaremos que somos más fuertes y resilientes de lo que creemos.

Yo soy esa niña y mi historia es testimonio de que la esperanza siempre renace tras la adversidad más oscura. Nuestro futuro está en nuestras manos para moldearlo como obra maestra.

¿Qué decimos entonces ante la adversidad?, ¿que no podemos?, ¿que es imposible sobreponernos?, ¿que estamos irremediablemente marcados o limitados por nuestro pasado? No. Decidimos que cualquier experiencia, por dolorosa que haya sido, puede convertirse en semilla de aprendizaje y crecimiento. Declaramos que somos más fuertes de lo que creemos, más resilientes de lo que imaginamos. Vemos cada desafío como una oportunidad.

Nos comprometemos a continuar renovándonos, a celebrar cada pequeño avance, a rodearnos solo de quienes realcen nuestra luz interior. Nos atrevemos a soñar en grande y luchar con pasión por ese sueño. Tomamos las riendas de nuestro destino para dirigirlo con firmeza hacia la vida que anhelamos crear. ¿Quién dijo que no podíamos? Hoy respondemos: ¡sí podemos! Y nuestra voz es un trueno de convicción que resuena hasta el cielo.

PARA TODOS LOS QUE ENFRENTAN ABUSOS

A todos quienes enfrentan situaciones similares, les digo: no están solos en este caminar, muchos hemos transitado ese mismo sendero. Tengan fe, serénense, avancen paso a paso y pronto llegarán a ver la luz al final del túnel. No se rindan jamás. Ustedes valen todo el amor del mundo, tienen infinitas capacidades en su interior y un brillante futuro por delante. ¡Confíen!

PARA TODA LA SOCIEDAD

A los padres y educadores, recordemos la importancia de crear entornos seguros y de confianza donde los niños se sientan escuchados, comprendidos y protegidos; de enseñarles a cuidar su cuerpo, defender sus límites y alzar la voz frente a cualquier situación incómoda; de estar alertas a señales de abuso para intervenir a tiempo y cortar de raíz este flagelo; de rodear a los niños de voces empáticas que validen sus sentimientos.

Y a los profesionales de la salud mental, los animo a continuar capacitándose para guiar de manera integral a quienes inician el sendero de la sanación interior. A abrazarlos con paciencia en sus altibajos. A recordarles su valía y fortaleza ilimitada. A sembrar esperanza y empoderarlos para que pronto vuelen con alas fortalecidas.

RECOMENDACIONES PARA PROFESIONALES DE LA SALUD

Los profesionales de la salud mental que trabajan con sobrevivientes de abuso sexual infantil tienen un rol crucial, pero también una gran responsabilidad. Algunas recomendaciones clave son:

- Capacitarse continuamente en trauma, abuso sexual infantil y tratamientos basados en la evidencia.
- Evitar enfoques revictimizantes.
- Garantizar que la consulta sea un espacio seguro de escucha empática, sin juicios ni interrogatorios invasivos. Preguntar solo lo necesario.
- Fomentar la expresión emocional segura a través de terapias alternativas como la meditación guiada, el arte, la escritura o la música.
- Enfatizar la importancia del autocuidado y establecer metas positivas orientadas a avanzar en el proceso.
- Valorar los aspectos únicos de cada paciente, su ritmo y modo de sanar ya que no existe una fórmula única.

CREANDO ENTORNOS SEGUROS

Familias, escuelas y cualquier otra institución responsable del cuidado de niños y jóvenes deben priorizar generar entornos seguros de confianza donde los menores se sientan protegidos frente a potenciales abusos. Algunas medidas recomendadas son:

- Educar sobre sexualidad y prevención de abuso desde edades tempranas, adaptando los conceptos a cada etapa evolutiva.
- Enseñar a los niños a identificar conductas inapropiadas y afirmar sus derechos sobre su propio cuerpo.
- Fomentar la comunicación abierta para que puedan expresar sus sentimientos libremente. Escuchar sin juzgar.
- No obligarlos a tener contacto físico como abrazos y besos con ninguna persona si se niegan, por muy cercana que sea. Respetar sus límites.
- Capacitar a docentes y cuidadores para detectar posibles indicadores de abuso, tales como cambios de conducta repentinos.
- Realizar una cuidadosa selección y evaluación de perfil psicológico a quienes trabajan directamente con menores.
- Intervenir y contactar a las autoridades frente a cualquier sospecha fundada, sin preocuparse del qué dirán. Cada segundo cuenta y podemos salvar vidas.
- Procurar que los niños cuenten con redes de apoyo en familia, mentores positivos y profesionales confiables a quienes puedan acudir ante cualquier situación incómoda.

Hay esperanza para quien cree en ella. Siempre podemos renacer del dolor cuando recordamos la fuerza infinita de nuestro espíritu. De ti depende cómo integrar tu pasado y avanzar hacia tu futuro. Confía en tu capacidad para sobreponerte y reinventarte las veces que haga falta. Abraza tus alas, contempla el horizonte y emprende con valentía ese vuelo hacia la vida extraordinaria que te espera. ¡Tú puedes!

Si esta historia te inspiró, ojalá impulse tu propio camino de sanación y crecimiento. Recuerda que eres un ser fuerte, valioso y mereces una vida extraordinaria. ¡Confía en ti!, ¡la llave hacia la sanación espera por ti!

RESURGIENDO ENTRE CICATRICES

De mis cicatrices aprendí que cada partícula de mi piel no era fija, que cada partícula de mi piel era flotante, fuera de todo y toda de mí.

De mis cicatrices aprendí a abrazar el silencio y respirar al son del latir. Ese ritmo liberador, eco de fuego interno, llamas que acarician mis heridas convirtiéndolas en cenizas para elevarlas al aire, la tierra, el agua. Porque llevo ese fuego en mi interior, el fuego que restaura al convertir el dolor en sabiduría y la oscuridad en luz.

Soy fuego forjador, llama sanadora capaz de revelar la indestructible fortaleza que habita en mí. De la nada hago todo, del vacío emerge la plenitud del universo que soy. Soy faro luminoso, antorcha incandescente, espíritu transformador.

Mis cicatrices ya no son máscaras ni cadenas. Son maestras que con su lenguaje de silencio me enseñaron el arte de renacer, de creer, de ser. Voz viva de testimonios mudos que retornaron en confesiones enérgicas de mi infinita voluntad para transformarme en el ave fénix que soy hoy en día.

Hoy elijo integrar esas marcas no como destino, sino como impulso. Su fuego ya no me quema, me ilumina el camino que decidí recorrer, ardiente de amor, compasión y perdón. Mis alas se elevan majestuosas, victoriosas, sobre el ayer; mientras mi mirada abraza el hoy y visualiza el horizonte del futuro extraordinario que estoy destinada a crear.

Franchesca M. Soto

Nota de la autora para los lectores: Esta historia refleja la experiencia y perspectiva personal de la autora. Cada proceso de sanación es único. Las recomendaciones dadas no sustituyen orientación profesional individualizada. Si estás atravesando una situación similar, no dudes en buscar ayuda especializada. Siempre hay esperanza.